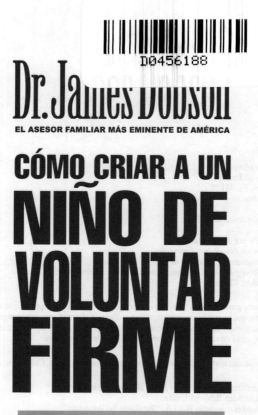

Dr. James Dobson

EL ASESOR FAMILIAR MÁS EMINENTE DE AMÉRICA

CÓMO CRIAR A UN NIÑO DE VOLUNTAD FIRME

Desde el nacimiento a la adolescencia

EDITORIAL UNILIT

Publicado por
Editorial **Unilit**
Miami, Fl. 33172
Derechos reservados

Edición revisada 1998

© 1978 por James Dobson
Todos los derechos reservados
Originalmente publicado en inglés con el título:
The Strong Willed Child por Tyndale House Publishing, Inc.
Wheaton, Illinois.

Ninguna parte de esta publicación podrá ser reproducida, procesada en algún sistema que la pueda reproducir, o transmitida en alguna forma o por algún medio —electrónico, mecánico, fotocopia, cinta magnetofónica u otro— excepto para breves citas en reseñas, sin el permiso previo de los editores.

Revisión del texto: *Enfoque a la Familia* Colorado Springs, Colorado.

Citas bíblicas tomadas de la Santa Biblia, revisión 1960
© Sociedades Bíblicas Unidas
Otras citas marcadas B.d.l.A. "Biblia de las Américas"
© 1986 The Lockman Foundation, y
"La Biblia al Día
© 1979 Living Bibles Int.
Usadas con permiso.

Producto 497571
ISBN 0-7899-1079-9

Impreso en Colombia
Printed in Colombia

ÍNDICE

ÍNDICE

Introducción

Una mujer con siete niños intranquilos subió a un autobús en la ciudad de Los Ángeles y se sentó en el asiento detrás de mí. Su rostro demacrado y el pelo desordenado reflejaban un estado de profundo agotamiento. Cuando pasó frente a mi asiento con su incontrolable tribu le pregunté: «¿Son suyos todos estos niños o se trata de un paseo?»

Me miró con sus ojos hundidos y contestó: «Todos son míos y, créame, esto no tiene nada de paseo.»

Sonreí para mis adentros entendiendo perfectamente lo que quería decirme. Los niños pequeños poseen una extraña habilidad para trastornar el sistema nervioso de los adultos. Son escandalosos y hacen tremendos revoltijos. Pelean unos con otros y siempre tienen las narices sucias. Rayan los muebles y parece que tuvieran más energía en sus deditos que la agotada mamá en todo su cuerpo.

No hay duda alguna: los niños pequeños son personas costosas. Educarlos correctamente requiere lo mejor de nosotros, de nuestros recursos financieros, tiempo y esfuerzos. Sin embargo, para aquellos que nunca han pasado por la experiencia de ser padres, esta labor puede parecer algo ridículamente simple. Esas personas me recuerdan la anécdota de aquel hombre que por primera vez vio jugar al golf. *Parece muy fácil —pensó— se trata nada más de lanzar la pelotita blanca en dirección a la bandera.* Se acercó al punto de partida, colocó la «pelotita blanca», la golpeó y la lanzó desviada a más de tres metros del hoyo. Por lo tanto, debo hacerles una advertencia a aquellos que todavía no han asumido las responsabilidades de la crianza de los niños: el asunto es mucho más difícil de lo que parece.

Ser padres es algo costoso y complejo. ¿Pretendo acaso sugerir a las parejas jóvenes que no tengan hijos? ¡De ninguna manera! La pareja que ame a los niños y que desee experimentar la emoción de la procreación, no debería atemorizarse ante el desafío de ser padres. Hablando desde mi propia perspectiva como padre, no ha existido momento más sublime en mi vida que aquel cuando fijé mis ojos en los de mi hija recién nacida, y cinco años más tarde cuando miré por primera vez a mi otro hijo. ¿Qué puede ser más emocionante que ver a ese pequeño ser humano brotar como un capullo, y comenzar a crecer, a aprender y a amar? ¿Y qué recompensa más valiosa puede existir que la de tener a mis dos hijos en mis rodillas, sentados delante del fuego de la chimenea, abrazados a mi cuello y diciéndome al oído: «Te quiero papi»? Claro que sí, los niños son costosos, pero vale la pena pagar el precio, y ellos lo merecen. Después de todo, nada de lo que realmente vale en el mundo es barato.

Además, muchas de las frustraciones que se prestan en la crianza de los hijos ocurren porque no tenemos un «plan definido» que seguir cuando se presentan las circunstancias inevitables. Entonces cuando la rutina de los problemas predecibles nos confronta, tratamos de salir del paso como mejor podemos, tanteando el camino y cometiendo errores. Tales padres me hacen recordar la experiencia de un amigo mío que volaba en un avión de un solo motor hacia el aeropuerto de un pequeño pueblo. Llegó justo en el momento en que el sol se ocultaba detrás de las montañas, y después de haber pasado algunos minutos para colocar el avión en posición de aterrizar se encontró con que le era imposible divisar el campo de aterrizaje debido a la oscuridad. Su avión no tenía reflectores, y no había ningunos en la pista. Dio otra vuelta sobre el terreno, pero para entonces la oscuridad de la noche se había tornado impenetrable. Durante más de dos horas voló dando vueltas sobre el lugar, en medio de la densa oscuridad, presintiendo que enfrentaría una muerte segura cuando el combustible se agotara. Cuando el pánico comenzaba a hacer presa de él, ocurrió un milagro. Alguien escuchó el ruido del motor del avión sobre la misma zona, y se dio cuenta de su angustiosa situación. Un hombre bondadoso recorrió con su automóvil la pista a todo lo largo para mostrarle a mi amigo el lugar exacto del aeropuerto y mantuvo las luces encendidas al final del trayecto, mientras el avión aterrizaba. Yo recuerdo esta historia cada vez que desciendo de noche a bordo de un avión comercial. Y cuando miro hacia abajo puedo divisar las luces verdes que bordean la pista y que le señalan al capitán hacia dónde dirigir el aparato. Si logra mantenerse dentro del límite que le señalan las luces, todo andará bien. Existe seguridad dentro de la zona iluminada pero el desastre ronda a la derecha y a la izquierda de ella.

¿Y no es esto lo que nosotros, como padres, necesitamos? Deberíamos contar con límites muy bien marcados que nos digan por dónde conducir el barco familiar. Necesitamos algunos *principios orientadores* que nos ayuden a criar a nuestros hijos saludables y libres de peligros. Ya usted se habrá dado cuenta de que mi propósito al escribir este libro es proveer algunas de estas pautas que contribuirán a que seamos padres más competentes. Nos referiremos básicamente al tema de la disciplina en relación con el «niño de voluntad firme». Muchos padres tienen entre sus hijos, por lo menos, una de estas criaturas que parecen haber nacido con una idea muy clara de cómo quieren que funcione el mundo y con una completa intolerancia hacia todos los que no están de acuerdo con ellos. Desde la más tierna infancia se enoja cada vez que su comida se atrasa un poco, e insiste en que alguien permanezca a su lado durante cada hora que pasa despierto. Más tarde, en el período preescolar, declara la guerra a toda forma de autoridad, sea que ésta provenga de su hogar o del exterior. Su emoción más alta se cifra en rayar las paredes y descargar toda clase de cosas por el inodoro. Los padres de un niño así, a menudo sienten frustrados y culpables. Se preguntan qué error habrán cometido y por qué su vida familiar ha llegado a ser tan diferente de lo que ellos anhelaban.

Estudiaremos a este jovencito autosuficiente a todo lo largo de su desarrollo, desde el período preescolar, la infancia, la escuela primaria y secundaria y —prepárese para lo que viene— hasta la adolescencia. Consideraremos también su conducta en lo que se refiere a rivalidad entre hermanos, la hiperactividad, y los fundamentos de su autoestima.

Estoy firmemente convencido de que el niño de voluntad firme por lo general posee un potencial creativo y una fortaleza de carácter superiores a los de su hermanito que se «porta bien». Y sus padres deben esforzarse para ayudarle a canalizar sus impulsos y poder ganar el control de su voluntad rebelde. Este libro persigue ese propósito.

Para resumir, este libro tratará de proveer consejos y sugerencias *prácticas* para los padres que tal vez estén enfrentando estos desafíos, tan difíciles, sin ninguna clase de pautas que les sirvan de guía. Y si llego a tener éxito, este escrito será como una pista bien iluminada para que puedan aterrizar con seguridad aquellos pilotos que ahora mismo andan dando vueltas en medio de la oscuridad.

Dr. James Dobson

1

La voluntad desafiante

Nuestro hogar está compuesto de una madre, un padre, un varón y una nena, un loro, un solitario pececito dorado, y dos gatos neuróticos. Vivimos juntos en relativa armonía y con el mínimo de conflictos. Pero existe otro miembro de nuestra «familia» que no exhibe un gran espíritu de cooperación y con el cual resulta difícil congeniar. Es un testarudo perro salchicha, al que hemos llamado Sigmund Freud («Siggie»), y que sinceramente piensa que se lo merece todo. Todos los perros de esa raza tienden a ser muy independientes y, sin ninguna duda, «Siggie» es un verdadero revolucionario. No es que sea malintencionado o malo, sino que simplemente quiere hacer su voluntad. Y hemos estado teniendo una lucha por el poder durante los últimos doce años.

Siggie no solamente es testarudo, sino que también se niega a cumplir con sus responsabilidades en la vida familiar.

No quiere traerme el diario en las mañanas que hace mucho frío; tampoco quiere jugar a la pelota con los niños ni ahuyentar a los roedores del jardín, y no hace ninguna de las demostraciones de habilidades que realizan otros perros más educados. Además, Siggie se ha negado a participar en todas las sesiones de entrenamiento que he iniciado para adiestrarlo. Se siente feliz con vagar por la vida, orinándose aquí y allá, metiendo su hocico en todos lados, y husmeando el viento.

Como si lo anterior fuera poco, Siggie también se caracteriza por ser un pésimo guardián. Confirmé tal sospecha una noche en la que un intruso se metió en nuestro patio a las tres de la mañana. Rápidamente, al ser despertado de un profundo sueño, me levanté y recorrí toda la casa sin encender las luces. Sabía que alguien andaba en el patio, y Siggie también estaba enterado, porque el muy cobarde se refugiaba detrás de mí. Después de escuchar unos minutos el latido de mi propio corazón, llegué hasta la puerta trasera y agarré el tirador. Un minuto antes alguien había abierto y cerrado la puerta muy suavemente. Ese «alguien» había estado a pocos metros de mí, y ahora se hallaba curioseando en mi garaje. Le hablé a Siggie en la oscuridad, y pensé que tal vez él podía investigar bien el asunto. Abrí la puerta trasera y le ordené a mi perro: «¡Ataca!», pero a Siggie le dio precisamente un ataque. Se puso a temblar de tal manera que ni siquiera pude empujarlo para que saliera. En medio del ruido y la confusión que se originó, el intruso logró escapar. Lo cual nos tranquilizó mucho a los dos: al perro y a mí.

Por favor, no me malentiendan; Siggie es un miembro de nuestra familia y sentimos mucho cariño hacia él. A pesar de su anárquico carácter, finalmente logré enseñarle a obedecer una serie de órdenes muy simples. Pero tuvimos unos cuantos combates antes que de mala gana se sometió a mi autoridad. La confrontación más grande ocurrió hace algunos años cuando regresé a casa después de estar tres días en una conferencia en Miami. Me di cuenta de que durante mi ausencia Siggie se había adueñado del hogar. Pero no fui muy consciente de cuán arraigada estaba en él la idea de su nueva posición como amo y señor, hasta que llegó la noche.

A las once le dije a Siggie que se fuera a su cama a dormir. Durante seis años le había repetido la misma orden al final de cada día y él había obedecido. Pero en esta ocasión rehusó moverse. Se hallaba cómodamente sentado sobre el forro de piel que cubre el asiento del inodoro. Es su lugar favorito de la casa porque le permite disfrutar del calor que produce un calentador eléctrico. En forma accidental Siggie ya había aprendido cuán importante era asegurarse de que la tapa del inodoro estuviese bajada antes de saltar sobre ella. Nunca olvidaré la noche que aprendió la lección. Vino temblando de frío, saltó para acurrucarse sobre la cálida piel, y se precipitó de cabeza dentro del inodoro antes que yo pudiese agarrarlo.

Cuando le ordené a Siggie que abandonara su lugar y se fuera a la cama aplastó las orejas y, lentamente, volvió la cabeza hacia mí. Deliberadamente, se acurrucó aun más, se agarró con las uñas al forro de piel, me mostró los dientes y articuló su más amenazante gruñido. Era la forma en que Siggie me decía: «¡Lárgate de aquí!»

Ya había visto esta actitud desafiante en otra ocasión y sabía que sólo había una forma de enfrentarse a ella. La única manera de obligar a Siggie a obedecer es amenazarlo con su propia destrucción. Ninguna otra cosa resulta. Volví a mi cuarto y saqué del armario un cinturón pequeño, pero ancho, que me ayudaría a «razonar» con él. Mi esposa, que observaba el espectáculo, me contó que tan pronto di la vuelta, Siggie se bajó de la tapa y me siguió hasta el corredor para ver a dónde me dirigía. Luego se escondió detrás de ella y siguió gruñendo.

Cuando volví traía el cinto en la mano y de nuevo le dije al airado perrito que se fuera a su cama. Siggie se mantuvo en su lugar; así que le pegué con el cinto en el trasero mientras él trataba de morder el cinturón. Le pegué nuevamente ¡y entonces trató de morderme a mí! Lo que siguió luego es imposible de describir. El pequeño animalito y yo entablamos la más espectacular lucha jamás vista entre el hombre y la bestia. Lo perseguí de una pared a otra, mientras él gruñía y trataba de morder el cinto, y yo gritaba e intentaba darle con el cinto. Todavía me asombro ante el recuerdo de aquella escena. Centímetro tras centímetro, lo empujé desde la sala familiar hasta su cama. Finalmente, en una maniobra desesperada, Siggie se metió en su rincón, mientras seguía gruñendo. Finalmente logré llevarlo a su lugar, pero sólo porque soy mucho más grande que él.

La noche siguiente yo esperaba que entablaríamos otra batalla cuando llegara el momento de ir a dormir. Para mi propia sorpresa, sin embargo, obedeció mi orden sin ninguna queja ni resistencia, y tranquilamente corrió hacia su cama en completa sumisión. Han pasado cuatro años desde entonces, y desde aquel tiempo hasta hoy, Siggie jamás ha hecho otro intento de «jugarse el todo por el todo».

Ahora comprendo que en su idioma canino lo que Siggie estaba diciendo era: «No creo que seas lo suficientemente capaz para obligarme a obedecerte.» Tal vez esté humanizando la conducta de un perro, pero creo que no. Los veterinarios han confirmado que algunas clases de perros, especialmente los salchichas y los pastores, no aceptan el dominio de la autoridad humana antes de someterla a una prueba de fuego que confirme que es digna de ser respetada.

Pero este no es un libro sobre la disciplina para los perros. Hay una moraleja muy importante, derivada de mi historia, que puede aplicarse al mundo de los niños: *De la misma manera que un perro ocasionalmente intentará desafiar la autoridad de su amo, un niño pequeño también siente la inclinación de hacer lo mismo, y a veces en grado superior.* Esta no es una observación insignificante. Representa una característica inherente a la naturaleza humana que muy raras veces es reconocida o admitida por los «expertos» que escriben libros sobre el tema de la disciplina infantil. Todavía estoy por encontrar un texto dirigido a padres o maestros que reconozca el problema de la agotadora confrontación de voluntades que ellos deben experimentar regularmente con los niños. El liderazgo de los mayores muy raramente es aceptado sin desafíos de parte de la joven generación. Los jóvenes quieren «probar» a los adultos, y desean saber si son dignos de recibir la obediencia y sumisión que les exigen.

La jerarquía de la fuerza y la valentía

Pero, ¿por qué son los niños tan agresivos? Todos sabemos que por naturaleza son amantes de la justicia, la ley, el orden y los límites de seguridad. El escritor del libro de Hebreos, en la Biblia, ha dicho que un niño que carece de disciplina se siente como un hijo ilegítimo, alguien que no pertenece a la familia. ¿Por qué entonces no pueden los padres resolver todos los conflictos recurriendo a la tranquila represión o a la explicación, o a palmaditas suaves en la cabeza? Podemos encontrar la respuesta en ese curioso sistema de valores que tienen los niños que les hace respetar la fuerza y la valentía cuando están combinadas con el amor. ¿Cuál es la mejor explicación que se puede dar a la gran popularidad de Supermán, el Capitán y la Mujer Maravilla, dentro del mundo infantil? ¿Qué es lo que hace que un niño le grite a otro: «Mi padre puede darle una paliza al tuyo?» (Un niño replicó a este desafío: «¡Eso no es nada, mi madre también puede hacerlo!»)

Los muchachos y las muchachas se ocupan mucho del tema «¿Quién es el más fuerte?» Cada vez que un jovencito se muda a un nuevo vecindario o a un nuevo distrito escolar, debe luchar física o verbalmente para establecerse en la jerarquía de los fuertes. Cualquiera que conozca a los niños sabe que en cada grupo siempre hay uno que es el líder, y otro que es un pobre infeliz, que ocupa el último lugar. Y cada uno de los que se encuentran en esos extremos sabe cuál es su posición con respecto a los demás.

Recientemente mi esposa y yo tuvimos la oportunidad de observar en acción esta jerarquía social. Invitamos a catorce muchachas, compañeras de escuela de mi hija, para que vinieran a una fiesta en la que pasarían la noche en nuestra casa. Fue una acción generosa de nuestra parte, pero puedo decirles que no lo volveremos a hacer. Fue una noche agotadora en la que no pudimos dormir debido a las risas y a todo el alboroto. Pero también fue una experiencia muy interesante desde el punto de vista social. Las muchachas empezaron a llegar el viernes, a las cinco de la tarde, y sus padres regresaron a buscarlas el sábado a las once de la mañana. Conocí a la mayoría de las muchachas ese fin de semana. Sin embargo, durante las 17 horas que las tuvimos en casa, pude identificar la posición que cada una de ellas ocupaba en la jerarquía del respeto y el poder. Había una reina que era la jefa del grupo. Todas querían hacer lo que ella sugería, y se reían de cada chiste que hacía. Un poco más abajo de ella, estaban las cuatro princesas, ocupando el segundo, tercer, cuarto y quinto lugar en el orden de jerarquía. Al final de la lista se hallaba una pobre muchacha que había sido puesta a un lado y todo el grupo la rechazaba. Sus chistes eran tan buenos (pienso yo) como los de la reina, pero nadie se reía cuando ella los contaba. Cualquier sugerencia que hacía sobre un juego, inmediatamente era desechada como algo estúpido. Y me encontré a mí mismo, defendiendo a esa muchacha solitaria por lo injusto de su situación. Lamentablemente, existe un niño rechazado en cada grupo de tres o más niños ya sean varones o hembras. Es algo inherente a la naturaleza infantil.

Este respeto a la fuerza y la valentía también hace que los muchachos deseen saber cuán fuertes son sus líderes. Con alguna frecuencia desobedecerán las órdenes de los padres, para probar la determinación de los que mandan. De manera que si usted es padre, abuelo, líder de un grupo de niños exploradores o maestro de escuela, le puedo garantizar que, tarde o temprano, uno de esos niños que están bajo su autoridad levantará su pequeño puño y desafiará su liderazgo. Como Siggie al momento de irse a la cama, transmitirá su mensaje a través de la desobediencia: «No creo que seas lo suficientemente fuerte para obligarme a hacer lo que ordenas.»

Este juego del desafío, que se llama «Retando al jefe» puede ser jugado por niños muy pequeños con una habilidad sorprendente. Precisamente ayer un padre me contó que había llevado a su hija de tres años a un partido de baloncesto, y al no tener ella interés en el juego, le permitió que anduviera por todos lados con libertad, y que se subiera en las gradas, pero le fijó límites bien definidos en cuanto a cuán lejos podía ir. La llevó tomada de la mano hasta una línea que estaba pintada en el suelo del gimnasio. «Puedes jugar por dondequiera, Julieta, pero no te pases de esta línea —fueron las instrucciones que le dio—. No había hecho nada más que regresar él a su asiento, cuando la pequeña corrió en dirección del territorio prohibido. Se paró junto al límite por un momento, entonces volvió la cabeza mirando al padre por encima del hombro con una sonrisa burlona, e intencionalmente colocó un pie al otro lado de la línea como si dijera: «Y ¿qué vas a hacer ahora?» La misma pregunta les ha sido hecha en una u otra ocasión, a casi todos los padres del mundo. Todos los seres humanos se encuentran afectados por esta tendencia al desafío voluntario o intencional. Dios les dijo a Adán y Eva que podían comer del fruto de cualquier árbol en el huerto del Edén excepto de uno. Sin embargo, ellos retaron la autoridad del Todopoderoso al desobedecer deliberadamente su mandamiento. Quizás esta tendencia hacia la voluntad propia es la esencia del «pecado original» que se ha infiltrado en la familia humana. Sin duda es el motivo por el que enfatizo tanto la reacción apropiada ante el desafío voluntario durante la niñez, porque esa rebelión puede sembrar las semillas del desastre personal. La mala hierba llena de espinas que produce, puede llegar a ser todo un campo de espinas enredadas durante los días turbulentos de la adolescencia. Cuando los padres se niegan a aceptar el desafío de su hijo, algo cambia en la relación que existe entre ellos. El pequeño comienza a ver a su padre y a su madre con falta de respeto; no son merecedores de su lealtad. Lo más importante es que él se pregunta por qué le permiten hacer cosas que son perjudiciales si realmente le aman. La mayor paradoja de la infancia es que los niños y las niñas quieren ser guiados por sus padres, pero insisten en que ellos se ganen el derecho a guiarles.

Me parece increíble que este aspecto tan importante de la naturaleza humana sea tan poco reconocido en nuestra sociedad permisiva. Permítame repetir la observación de que muchos de los libros populares dirigidos a los padres y maestros fallan al no señalar que la crianza de los hijos implica un conflicto y un enfrentamiento de voluntades. Los libros y los artículos que se escriben sobre el tema de la disciplina regularmente no se refieren al aspecto del desafío voluntario sino a irresponsabilidad infantil. Y existe una enorme diferencia entre estas dos categorías de la conducta infantil.

Un artículo que apareció en la revista *Family Circle* en 1975, representa típicamente la clase de material que se publica dirigido a los padres. El título proclamaba: «Una nueva y maravillosa fórmula para lograr que su hijo se porte bien.» Lo cual nos da una primera pista en cuanto a la naturaleza de su contenido. El subtítulo fue aun más revelador y afirmaba: «Premios y castigos no resultan.» Estos dos encabezamientos optimistas nos revelan el sendero de rosas a través del cual el autor quería conducirnos. Ni una sola vez admitió que un niño es capaz de escupir en la cara a sus padres, o salir corriendo para atravesar una calle de intenso tráfico. Igualmente puede serruchar una de las patas de la mesa del comedor, o tratar de meter al bebé en el inodoro. Esto es pasar por alto que muchas madres y padres se acuestan cada noche con un tremendo dolor de cabeza, preguntándose cómo es que tener hijos se ha convertido en una experiencia agotadora, que les destroza los nervios. Por el contrario, los ejemplos que se presentan en el artículo son una serie de incidentes de menor importancia debidos a la irresponsabilidad infantil: Cómo lograr que su hijo se lave las manos antes de sentarse a la mesa; o que se ponga la ropa correcta, o saque la basura. ¡Promover una conducta responsable es un noble objetivo en lo que se refiere a nuestros hijos, pero reconozcamos que la tarea más pesada es la de moldear la voluntad del niño!

La fuerza de la voluntad

He estado observando bebés y niños durante varios años y estoy completamente convencido de que en el momento del nacimiento existe en el niño un temperamento innato que desempeñará un papel a través de toda su vida.

Aunque hace quince años yo habría negado este hecho, ahora estoy seguro de que la personalidad de los recién nacidos varía tremendamente, aun antes que empiecen a recibir la influencia de los padres. Cada madre que tiene dos o más hijos afirmará que cada uno de sus niños tenía una personalidad diferente —una forma de ser «distinta»— desde el primer momento. Numerosas autoridades en el campo del desarrollo infantil ahora están de acuerdo en que esas pequeñas y complejas criaturas llamadas «bebés» están muy lejos de ser «pizarras en blanco» cuando vienen al mundo. Un estudio importante llevado a cabo por Chess, Thomas y Birch, reveló nueve clases de comportamiento en los bebés, las cuales varían de uno a otro. Estas diferencias tienden a persistir a través del resto de la vida, e incluyen el nivel de actividad, la capacidad de responder, la tendencia a distraerse, los estados de ánimo como el malhumor, la tristeza, etcétera.

Otra de las características de los recién nacidos, que no ha sido señalada en el anterior estudio, es muy interesante para mí y tiene que ver con una cualidad que podemos llamar «fuerza de voluntad». Algunos niños parecen nacer con una actitud complaciente y sumisa hacia la autoridad externa. Cuando son pequeños no lloran tan a menudo, duermen toda la noche desde la segunda semana de vida, «conversan» con los abuelos, se sonríen mientras les cambian los pañales, y además no se arman un gran escándalo cuando se ha pasado la hora de la comida. Y, por supuesto, no ensucian la ropa cuando vamos camino de la iglesia. Más tarde, cuando ya son un poco mayores, les gusta mantener su habitación limpia y hacer sus tareas escolares, y pueden entretenerse solos durante horas. Existen muy pocos de estos niños supercomplacientes. Creo que los hay en algunos hogares, pero no en el mío.

De igual manera en que hay niños sumisos, existen otros que parecen ser rebeldes desde que nacen. Llegan al mundo quejándose del calor que hay en la sala de partos, de la incompetencia de las enfermeras y de la manera como el administrador del hospital dirige las cosas. Esperan que les sirvan su comida tan pronto como tienen hambre, y exigen cada minuto del tiempo de sus madres. Conforme pasan los meses la expresión de su voluntad firme se torna más definida y los suaves vientos se convierten en huracán destructor cuando comienzan a caminar.

He estado pensando mucho acerca de estas características de complacencia en unos niños y de rebeldía en otros, y he buscado una ilustración que pudiera explicar la amplia gama de diferentes temperamentos humanos. Encontré una analogía apropiada en una historia que se sitúa en el supermercado. Imagínese que usted camina por el pasillo empujando el carrito de las compras. Le da un pequeño empujón y se desliza suavemente unos cuantos metros hasta que se detiene poco a poco. Usted camina tranquilamente eligiendo sopas, botellas de salsa y diferentes clases de pan. Hacer compras es una tarea agradable cuando el carrito funciona bien, y se le puede dirigir con un solo dedo.

Pero salir de compras no siempre resulta tan agradable. En otra ocasión usted elige un carrito que traicioneramente le está esperando tan pronto llega al supermercado y cuando lo empuja hacia adelante, éste se tuerce a la izquierda y choca contra un estante lleno de botellas. Decidido a no dejarse dominar por un tonto carrito, usted agarra el aparato fuertemente tratando de mantenerlo en su curso correcto. Pero como si tuviera una mente propia se dirige hacia el estante de los huevos, y luego retrocede golpeando las botellas de leche, para finalmente atropellar a una ancianita aterrorizada que iba caminando tranquilamente por allí. Usted está tratando de hacer las mismas compras del día anterior, que había realizado con tanta facilidad, pero hoy parece que el trabajo es mucho más difícil que nunca. Y termina agotada cuando finalmente conduce el carrito hacia la caja registradora.

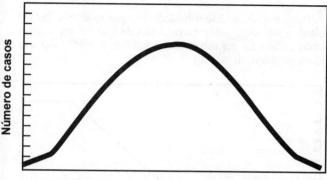

Fig. 1. LA FUERZA DE VOLUNTAD

¿En qué consiste la diferencia entre los dos carritos de compra? Obviamente, uno tiene las ruedas bien derechas y aceitadas, que van en la dirección que uno las guíe. El otro las tiene torcidas y sin aceite, por lo que se niegan a ser dirigidas. ¿Puede establecer la relación que esta analogía tiene con los niños? Enfrentemos el asunto: Algunos niños tienen las «ruedas torcidas». No desean ir adónde les dirigimos, pues su propia inclinación les conduce en otra dirección. Además, la madre que está empujando el carrito deberá invertir mucho más tiempo y energía que aquella cuyo hijo tiene las «ruedas bien derechas y aceitadas». Y sólo las madres de niños que tienen una voluntad firme podrán comprender totalmente el significado de esta ilustración.

Pero, ¿cómo responde el niño «normal», el que podríamos llamar «término medio»? Mi presunción es que el niño del mundo occidental puede ser representado por medio de una curva, en relación con el tema de la fuerza de voluntad. Presumo que existen muy pocos niños totalmente complacientes, e igual número de niños abiertamente rebeldes. La vasta mayoría puede ser ubicada en el término medio de la curva. (Ver figura 1.)

Pero después de haber hablado con por lo menos 25.000 padres agobiados, estoy convencido de que mi suposición estaba errada. La verdadera distribución es la que muestra la figura de abajo. (figura 2.)

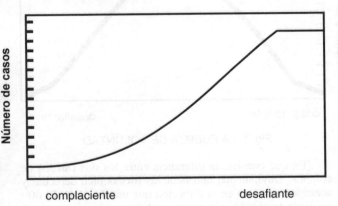

Fig. 2. LA FUERZA DE VOLUNTAD

No hay que tomar esta observación en forma demasiado literal porque entonces parecería que la mayoría de los niños pequeños están tratando de conquistar el mundo. Existe otro fenómeno que nunca he sido capaz de explicar, referente a las relaciones entre hermanos. Cuando hay dos niños en una familia, es casi seguro que uno será complaciente y el otro rebelde. El niño que tiene una buena disposición es muy simpático. Sonríe dieciséis horas por día, y trata de hacer lo que sus padres desean, ocupado en hacerles más felices. En realidad él necesita los elogios y la aprobación de ellos. Por lo tanto, el deseo de ganar su afecto y aprobación, influye grandemente en su personalidad.

El otro niño enfrenta la vida desde el lado opuesto. Se niega por completo a hacer lo que sus padres quieren y trata de tener control sobre ellos. ¿Se da cuenta usted de cómo estas diferencias de temperamento sientan la base para serias rivalidades y resentimientos entre hermanos? El niño rebelde sufre constantemente la disciplina, y tiene que oír amenazas y palabras que lo señalan como tal. Mientras que su angelical hermanito luce su aureola y se deleita en el calor de la aprobación de sus padres. Son lanzados el uno contra el otro por la divergencia de sus personalidades. Y les espera una vida de mutuas heridas y lastimaduras. (El capítulo 4 ofrece sugerencias específicas en cuanto al problema de la rivalidad y los conflictos entre hermanos.)

Existen algunas otras observaciones acerca del niño de voluntad firme que pueden ser de gran ayuda para sus padres. En primer lugar, es tranquilizador para los padres el que expresen la culpa y la ansiedad que generalmente sienten. Se hallan envueltos en una lucha emocional que les puede conducir al cansancio y la frustración. Nadie les dijo que ser padres podía ser tan difícil, y se culpan a sí mismos por las tensiones que se suscitan. Se habían propuesto ser padres muy cariñosos y eficientes, que cada noche les leerían cuentos a sus angelitos a la hora de dormir. La diferencia entre la vida como realmente es, y como debería ser, es una realidad aterradora y angustiosa.

Además, me he dado cuenta de que muchos padres que tienen hijos complacientes no entienden a sus amigos cuyos hijos son rebeldes. Ellos aumentan la culpa y la ansiedad de los padres de niños de voluntad firme, insinuando: «Si estuvieran criando a sus hijos como lo hacemos nosotros, ahora no tendrían estos tremendos problemas.» Es preciso que ambos grupos sepan que el niño de voluntad firme puede ser difícil de controlar, aun cuando sus padres lo traten con mucha habilidad y dedicación. Puede ser trabajo de años el conducirle a un punto de relativa obediencia y cooperación dentro del núcleo familiar. Mientras se esté llevando a cabo este plan de entrenamiento, es importante no caer en el pánico. No intente lograr la plena transformación de la noche a la mañana. Trate a su hijo con sincero amor y dignidad, pero exija que él obedezca sus instrucciones, y se someta a su liderazgo. Escoja con cuidado cuáles son las áreas donde vale la pena enfrentarse, acepte su desafío en estos aspectos y obtenga una victoria contundente. Recompense cada acción positiva de cooperación, con atención, cariño y elogios. Luego, tómese dos aspirinas y llámeme a la mañana siguiente.

Pero el consejo más importante que puedo darles a los padres de un niño rebelde e independiente es que deben comenzar a moldear su voluntad durante los primeros años de su vida. Sinceramente creo, aunque resulta difícil probar mi suposición, que el niño rebelde tiene más posibilidades de desarrollar una conducta antisocial en su vida de adulto. Está más dispuesto a desafiar a las maestras en la escuela, a cuestionar los valores que le han sido transmitidos, y a levantar el puño delante de la cara de aquellos que quieran dirigirle. Y creo que tiene más inclinación hacia la promiscuidad sexual, el abuso de las drogas y las dificultades en la escuela. Por supuesto que lo anterior no es una predicción inevitable, porque dada la complejidad de la personalidad humana, resulta imposible predecir la conducta de alguien con plena exactitud. Y debo dejar en claro que el cuadro total no es negativo. Podría ser también que el niño de voluntad firme posea mayor carácter y más alto potencial para una vida productiva que su hermanito sumiso. Sin embargo, la realización de tal potencial puede depender de un ambiente hogareño firme, pero amoroso, durante la infancia. Así que repito mi advertencia: comience a moldear la voluntad del niño mientras todavía es muy pequeño. Note que no estoy diciendo «quebrantar» ni «destruir» ni «anular» la voluntad. El cómo hacerlo será el tema de los capítulos siguientes.

Preguntas y respuestas

Pregunta: **Todavía no estoy seguro de haber entendido correctamente la diferencia entre el desafío voluntario y la irresponsabilidad infantil. ¿Podría aclararlo un poco más?**

Respuesta: El desafío voluntario es, según el nombre da a entender, un acto deliberado de desobediencia. Esto ocurre *solamente* cuando el niño sabe qué es lo que los padres esperan de él, y hace lo contrario en una forma arrogante. En resumen, es un rechazo a someterse a la autoridad de los padres, como salir corriendo hacia otro lado cuando lo llaman, gritar insultos, y acciones de abierta desobediencia. En contraste, la irresponsabilidad infantil es resultado de olvidos, accidentes, errores, poca capacidad de concentración, falta de paciencia ante las frustraciones, inmadurez, etcétera. En el primer caso el niño sabe positivamente que está actuando mal, y quiere ver qué hacen sus padres. En el segundo simplemente se ve envuelto en situaciones y consecuencias que ni siquiera había planeado. Es un error, desde mi punto de vista, recurrir al castigo corporal con el propósito de inculcarle responsabilidad al niño. A menos, por supuesto, que el niño se niegue a aceptarla de manera desafiante.

En definitiva, la disciplina apropiada que los padres deben administrar tiene que ser completamente determinada por la *intención*. Supongamos que mi niño de tres años está parado cerca de una puerta y le digo: «Ryan, por favor, cierra la puerta.» Pero debido a su inmadurez lingüística entiende que debe abrir la puerta, y en efecto lo hace. ¿Debo castigarlo por desobedecerme? Por supuesto que no, aunque haya hecho todo lo opuesto de lo que le pedí. Tal vez ni siquiera sepa que ha hecho lo que le pedí. Mi tolerancia depende de sus intenciones. En realidad, él trató de obedecerme. Sin embargo, si cuando le pido a Ryan que recoja sus juguetes, él da patadas en el suelo, grita: «¡No!», y luego me tira uno de sus camiones, entonces debo aceptar ese desafío. En pocas palabras, nunca es tan probable que mi hijo será castigado como cuando estoy seguro de que *él sabe* que merece el castigo. Y nuestro Creador nos ha advertido sobre las consecuencias de esta rebelión en Proverbios 29:1:

El hombre que reprendido endurece la cerviz, de repente será quebrantado, y no habrá para él medicina.

Por lo tanto, debemos enseñarles a nuestros hijos a someterse a nuestro liderazgo amoroso, como preparación para su posterior vida de obediencia a Dios.

Pregunta: **¿Puedo permitirle a mi hijo decir: «¡Te odio!» cuando está enfurecido?**

Respuesta: No, en mi opinión. Otros escritores podrán decirle que ocasionalmente los niños sienten odio hacia sus padres, y que debería permitírseles expresar tal hostilidad. Creo que es posible, y hasta saludable, alentar la expresión de los sentimientos negativos sin fomentar las rabietas y la conducta violenta. Si mi hijo me gritara que me odia, en un momento de ira, probablemente esperaría hasta que se hubiera calmado y de una manera sincera y amorosa le diría: «Carlitos, sé que estabas muy enojado cuando hace rato tuvimos nuestra discusión, y creo que deberíamos hablar de lo que sentías. *Todos* los niños se enojan de vez en cuando con sus padres, sobre todo si se sienten tratados injustamente. Comprendo tu frustración y lamento que hayamos tenido una pelea como ésa. Pero lo que sucedió no es excusa para que me hayas dicho que me odias. Te vas a dar cuenta de que no importa cuán enojado yo esté por algo que hayas hecho, nunca te diré que te odio. Y no puedo permitirte que me lo digas a mí. Cuando las personas se aman como nosotros, no quieren hacerse daño unas a otras. Me hiciste daño cuando me dijiste que me odiabas, de la misma manera en que yo te haría daño si te dijera algo como eso. Sin embargo, puedes decirme qué es lo que te hace enojar, y te escucharé cuidadosamente. Si estoy en un error, haré todo lo posible para cambiar lo que te moleste. Deseo que entiendas que eres libre para decirme *todo* lo que quieras, aun si lo que piensas no es muy agradable. Pero no te permitiré que grites, digas insultos y hagas rabietas. Si te comportas en esa forma infantil, te castigaré como a un niño más pequeño. ¿Quieres decirme algo ahora? (Si no, entonces abrázame y dime: "Te amo".)»

Mi propósito sería permitir el desahogo de los sentimientos negativos sin alentar una conducta violenta, irrespetuosa y dominante.

Pregunta: **¿Llegaría usted al extremo de pedirle disculpas a su hijo si creyera que se había equivocado?**

Respuesta: Por supuesto que yo lo haría, y realmente, lo he hecho. Hace aproximadamente un año me hallaba acosado por responsabilidades y presiones que me hacían sentir fatigado e irritable. Una noche estuve malhumorado con mi hija de diez años. Sabía que no me estaba comportando en forma justa, pero estaba tan cansado que no podía cambiar de humor. Durante el transcurso de la noche culpé a Danae cuando ella no tenía la culpa, y la hice enojar innecesariamente en varias ocasiones. Después de acostarme sentí intranquilidad por la forma como me había comportado y decidí disculparme a la mañana siguiente. Después de una noche de sueño reparador y un buen desayuno, me sentí mucho más optimista hacia la vida. Me acerqué a Danae antes que saliera para la escuela y le dije: «Hija, estoy seguro de que sabes que los padres no son seres perfectos. Nos cansamos y a veces sentimos irritación hacia otra gente. En ocasiones no estamos muy orgullosos de la forma como nos hemos conducido. Sé que no actué justamente contigo anoche. Tenía un terrible malhumor, y quiero que me perdones.»

Danae me abrazó y me dejó totalmente sorprendido. Dijo: «Sabía que me pedirías disculpas, papá; está bien, te perdono.»

¿Podríamos tener alguna duda de que los niños saben más de los problemas que surgen entre las generaciones que sus ocupados padres?

2

Cómo moldear la voluntad

La madre de una niña rebelde de tres años se me acercó en la ciudad de Kansas recientemente, para darme las gracias por mis libros y las grabaciones que he realizado sobre el tema de la educación infantil. Me dijo que desde hacía pocos meses su hija había comenzado a comportarse con rebeldía y se las había arreglado para controlar a sus frustrados padres. Sabían que la niña les estaba manipulando, pero no podían recuperar el control de la situación. Un día obtuvieron un ejemplar de mi primer libro «Atrévete a disciplinar», en una librería local. Leyendo el libro aprendieron que es apropiado darle nalgadas a un niño bajo circunstancias bien definidas. Mis recomendaciones les parecieron sabias a estos padres desesperados y le dieron unas nalgadas a su insolente hija la próxima vez que dio razón para ello. Pero la niña fue lo suficientemente perspicaz para darse cuenta de dónde su madre había sacado tal idea. Cuando la mujer se despertó al otro día ¡encontró el ejemplar de mi libro flotando en el inodoro! La niñita había pensado que era mejor enviar mis escritos a la alcantarilla que darles el lugar que les correspondía. ¡Supongo que ésa es la crítica editorial más fuerte que jamás he recibido por alguno de mis escritos!

Este incidente con la pequeña no fue un caso único. Otro niño eligió mi libro dentro de una amplia gama de posibilidades y lo echó al fuego de la chimenea. Fácilmente yo podría empezar a sentir temor ante tales hostilidades. El doctor Benjamín Spock es amado por millones de niños que han crecido bajo su influencia. Pero aparentemente yo soy odiado por toda una generación de niños a los que les gustaría encontrarme en un callejón sin salida en medio de una noche oscura.

Resulta obvio que los niños saben de la confrontación de voluntades que existe entre las generaciones, y por eso la respuesta paterna es tan importante. Cuando un niño se comporta de una manera irrespetuosa o perjudicial para sí mismo o para los demás, a menudo tiene el propósito oculto de verificar la estabilidad de los límites que se le han impuesto. Dicha prueba cumple la misma función que desarrolla un policía que revisa las cerraduras de las puertas de los negocios durante la noche. Aunque trata de abrirlas, espera que estén bien cerradas con llave. De la misma manera, el niño que ataca la autoridad amorosa de sus padres encuentra gran seguridad y tranquilidad cuando el liderazgo de ellos se mantiene firme y seguro. Encuentra su mayor seguridad en un ambiente estructurado, donde los derechos de las demás personas, y los suyos, están protegidos por límites bien definidos.

Nuestro objetivo entonces es *moldear la voluntad* durante los primeros años de la infancia. Pero, ¿cómo hacerlo? He hablado con cientos de padres que reconocen la validez de este principio, pero no tienen idea de cómo pueden implantarlo en sus hogares. Por lo tanto, el contenido de este capítulo está dedicado a darles sugerencias y recomendaciones bien específicas. Empezaremos con seis pautas que servirán de guía. Ellas han sido tomadas de algunos de mis escritos anteriores. Incluyo también ejemplos prácticos adaptados para cada edad.

Primero: **Defina bien los límites antes de exigir su cumplimiento.**

El paso más importante en cualquier procedimiento disciplinario es fijar límites razonables *por adelantado.* El niño debe saber cuál no es la conduzca correcta *antes* que se le exija responsabilidad en el cumplimiento de los reglamentos. Esta condición previa evitará el abrumador sentido de injusticia que experimenta un niño cuando es castigado o regañado por algún accidente, error o equivocación. ¡Si usted no ha definido los límites, no le exija que los respete!

Segundo: **Cuando se presente el desafío enfréntelo con seguridad y confianza.**

Una vez que el niño sabe lo que se espera de él, será responsable de comportarse de acuerdo con ello. Esto parece fácil, pero como ya lo hemos visto, la mayoría de los niños atacarán la autoridad de los mayores, y retarán su derecho a dirigirlos. En un momento de rebeldía un niño considerará lo que sus padres desean de él y deliberadamente escogerá desobedecer. Como un general antes de la batalla, calculará los posibles riesgos, formará sus tropas y atacará al enemigo con toda fuerza. Cuando ocurre un enfrentamiento cara a cara, entre padres e hijos, es extremadamente importante que el adulto gane en forma decisiva y con toda seguridad. El hijo ha dado a entender claramente que quiere una confrontación, y los padres obrarían sabiamente si no lo defraudaran. ¡Nada es más destructivo para el liderazgo de los padres que la mamá o el papá se desintegren durante la lucha! Cuando constantemente los padres pierden estas batallas y recurren a las lágrimas, los gritos y otras evidencias de frustración, suceden algunos cambios muy dramáticos en la manera que sus hijos los "ven" a ellos. En vez de ser líderes firmes y seguros de sí mismos, se convierten en cobardes, indignos de su respeto y lealtad.

Tercero: **Hay que distinguir entre el desafío voluntario y la irresponsabilidad infantil.**

No se debe castigar a un niño por una conducta que no es intencionalmente desafiante. Cuando se olvide de darle de comer al perro, de hacer su cama, o de sacar la basura, y cuando deje la raqueta de tenis bajo la lluvia o pierda su bicicleta, recuerde que estas formas de conducta son típicas de la niñez.

Es muy probable que sea el mecanismo por el cual una mente inmadura se protege de las presiones y ansiedades de los adultos. Así que pacientemente enséñele a hacerlo mejor. Si no responde a su paciente instrucción entonces es conveniente que se le administren algunas consecuencias bien definidas (tendrá que trabajar para pagar por la cosa de la cual hizo un mal uso, o no dejarle que disfrute de ella, etcétera). De todas formas, la irresponsabilidad infantil es algo bien distinto de la voluntad desafiante. La primera debe ser manejada con mucha paciencia.

Cuarto: **Después que haya pasado el enfrentamiento tranquilice e instruya al niño.**

Después de un momento de conflicto durante el cual los padres han demostrado su derecho a dirigir (en particular si el niño terminó llorando), tal vez el niño que tiene entre dos y siete años necesite ser tranquilizado y recibir muestras de amor. Así que abra sus brazos y recíbalo. Manténgalo abrazado y dígale que le ama. Trátelo con cariño y hágale saber nuevamente por qué fue castigado y cómo puede evitarse el mismo problema la próxima vez. Este momento de comunicación fortalece el amor, la fidelidad y la unión de la familia. Y para la familia cristiana es muy importante orar con el niño en ese momento, confesando delante de Dios que todos hemos pecado y nadie es perfecto. El perdón divino es una experiencia maravillosa, incluso para un niño que es muy pequeño.

Quinto: **Evite hacer exigencias que son imposibles de cumplir.**

Esté absolutamente seguro de que su hijo es capaz de cumplir con lo que usted exige de él. Nunca lo castigue por mojar la cama involuntariamente, o por no haber aprendido todavía, a la edad de un año, a ir al baño solo, o por no obtener buenas notas en la escuela cuando no tiene la capacidad para lograr el éxito escolar. Tampoco se puede exigir un gran rendimiento en la escuela si el niño no es capaz de lograrlo. Estas exigencias, imposibles de cumplir, ponen al niño en un conflicto que no puede resolver: es, en realidad, un conflicto que no tiene solución y que le produce un daño inevitable a su sistema emocional.

Sexto: **Permita que el amor sea su guía.**

Una relación caracterizada por cariño y amor sinceros, probablemente es una que estará en buenas condiciones. Aunque es inevitable que los padres cometan algunos errores.

¿Es conveniente el castigo corporal?

Equipados con las seis pautas anteriores que nos sirven de guía y de base, veremos ahora las técnicas y procedimientos específicos para moldear la voluntad. Empezaremos considerando el tema del castigo corporal, que ha sido objeto de amplia y hasta amarga controversia en años anteriores. Más tonterías han sido escritas sobre este asunto que sobre cualquier otro relacionado con la crianza de los niños. Veamos las opiniones del doctor John Valusek, un sicólogo junto con el que aparecí en un programa de televisión:

«La manera de poner fin a la violencia en Estados Unidos es dejar de darles nalgadas a los niños. En un discurso ante la Asociación de Utah para la Salud Mental, hace algunas semanas, Valusek declaró que las nalgadas que los padres les dan a sus hijos promueven la tesis de que la violencia en contra de otras personas es aceptable.

"Las nalgadas son el primer paso en el camino a la violencia —dijo Valusek—. Después siguen los golpes, y finalmente la violación y el asesinato. Este modelo de conducta, que se fija desde el hogar, es el que prepara el escenario: 'Recurriré a la violencia cuando ya no sepa qué hacer'.»

Al doctor Valusek y a sus colegas permisivos sólo puedo decirles: ¡Tonterías! ¡Cuán ridículo es pensar que la obsesión por la violencia en la sociedad norteamericana provenga de los efectos de la amorosa disciplina de los padres! Esta conclusión es particularmente tonta en vista de la programación tan sangrienta que se les ofrece a los niños diariamente a través de la televisión. Como promedio, un adolescente de 16 años ha visto 18.000 asesinatos durante sus años de formación. Esto incluye bombardeos, apuñalamientos, decapitaciones, ahorcamientos y hasta cuerpos descuartizados. Así que resulta extraño que los sicólogos, que hoy en día se las dan de expertos, busquen otras causas de la brutalidad reinante, y finalmente, levanten el dedo acusador señalando a los padres que están tratando de educar a nuestros ciudadanos responsables del mañana. Esta es la clase de «noticias» que en años recientes se les han dado a los padres que creen que es correcto darles nalgadas a sus hijos desobedientes.

La oposición al castigo corporal se puede resumir en cuatro argumentos comunes, todos ellos basados en el error y la falta de entendimiento. El primero está representado por la afirmación del doctor Valusek, que presume que las nalgadas les enseñan a los niños a golpear y a lastimar a otros. Tal enfoque ve al castigo corporal como un ataque físico y hostil que un padre airado lleva a cabo con el propósito de dañar o lastimar a su pequeña víctima. Es justo admitir que tal clase de violencia se presenta en ocasiones, y que es terriblemente destructiva para los niños. (A esto se le llama «abuso infantil», y lo trataremos en el siguiente capítulo.) Sin embargo, el castigo corporal en las manos de unos padres amorosos es algo totalmente distinto en propósito y práctica. Es un instrumento de enseñanza por medio del cual se corrige una conducta dañina, en vez de un intento airado de una persona de hacerle daño a otra. Lo primero es un acto de amor, lo segundo es un acto de hostilidad, y son tan diferentes como el día y la noche.

He dado respuesta al argumento del doctor Valusek en mi libro «Cómo criar niños seguros de sí mismos», mostrando el papel que un poco de dolor desempeña al enseñarles a los niños a comportarse de una manera responsable.

«Esos mismos especialistas también dicen que las nalgadas les enseñan a nuestros hijos a golpear a otros niños, haciéndolos convertirse en personas más violentas. ¡Tonterías! Si alguna vez tu hijo tocara accidentalmente una estufa caliente, puedes estar seguro de que jamás volverá a tocarla intencionalmente. No se convierte en una persona más violenta porque la estufa le quemó la mano; en realidad, por medio del dolor habrá aprendido una valiosa lección. De igual manera, cuando se cae de su silla alta, o se golpea violentamente los dedos con la puerta o es mordido por un perro, aprende acerca de los peligros físicos que le rodean en este mundo. Los golpes y magulladuras que recibe durante la infancia son parte del método empleado por la naturaleza para enseñarle qué es lo que debe temer. No dañan su autoestima. No lo convierten en una persona cruel. Simplemente lo familiarizan con la realidad. De la misma manera, unas nalgadas aplicadas adecuadamente por un padre o una madre cariñosos producen los mismos resultados. Le hacen saber que no existen solamente peligros físicos que debe evitar, sino que también debe apartarse de ciertos peligros sociales, tales como: el egoísmo, el desafío, la deshonestidad, la agresión no provocada, etcétera.»

El segundo argumento en contra del castigo corporal lo podemos encontrar en la afirmación del doctor Valusek:

«Recurriré a la violencia (daré nalgadas) cuando ya no sepa qué hacer.» ¿Logra captar la sutileza de esta frase? Presenta el castigo corporal como el último recurso, como el acto final causado por la desesperación y la frustración. Vendría al final de una cadena de gritos, amenazas y lágrimas. Incluso algunas autoridades que recomiendan el castigo corporal han caído en la trampa de sugerir que debe ser aplicado sólo cuando todo lo demás ha fracasado. Me encuentro en total desacuerdo con tal enfoque.

El castigo corporal se debe reservar para usarlo como respuesta al desafío voluntario en todo momento que se presente. ¡Y punto! Y es mucho más efectivo aplicarlo cuando el conflicto apenas comienza, cuando el sistema emocional de los padres todavía está bajo su propio control, que después de noventa minutos de haber estado gritando y peleando. En efecto, el abuso infantil ocurre más frecuentemente cuando se permite que un niño irrite, moleste, desobedezca y haga rabietas hasta que el enojo de sus padres llega al punto de explotar y entonces puede ocurrir cualquier cosa. En mi opinión, profesionales como el doctor Valusek en forma inadvertida han contribuido a la violencia en contra de los niños, porque han despojado a los padres del derecho a corregir la conducta de los hijos mientras que todavía el problema es de menor importancia. Pero cuando las pequeñas frustraciones se han acumulado, los padres, como dice el doctor Valusek: «Recurren a la violencia porque ya no saben qué hacer.»

El tercer argumento en contra del uso del castigo corporal proviene de los descubrimientos de la sicología de los animales. Si un ratón corre a través de un laberinto y el investigador lo premia con comida cuando elige el camino correcto, aprenderá a correr mucho más rápido que si lo castiga con leves descargas eléctricas, cada vez que se equivoca. De este experimento, y otros similares, ha surgido la increíble suposición de que el castigo ejerce muy poca influencia en la conducta humana. Pero los seres humanos no son ratones, y es ingenuo igualarlos de manera tan simple. Un niño es capaz de tener actitudes desafiantes y rebeldes que no tendrían ninguna relación con un ratón parado en el cruce de dos caminos en mitad de un laberinto. Estoy de acuerdo en que no sería de ayuda para un niño que esté aprendiendo a leer darle una descarga eléctrica cada vez que pronuncia mal una palabra. Por otro lado, la desobediencia deliberada está relacionada con la percepción que el niño tiene de la autoridad de los padres y de su obligación de someterse a ella, mientras que el ratón ni siquiera sabe que el investigador existe.

Si el castigo no influye en la conducta humana, entonces, ¿por qué las multas que la policía impone a los que exceden el límite de velocidad son tan efectivas para controlar el tráfico en las calles congestionadas? ¿Por qué los propietarios de casas se apresuran para pagar a tiempo sus impuestos y así evitar los recargos por demora? Si el castigo no tiene poder, ¿por qué a menudo unas nalgadas bien merecidas convierten a un niño enojado, que está causando problemas, en un dulce y amoroso angelito? A pesar de las suposiciones hechas en relación con la sicología de los ratones, tanto las recompensas como los castigos desempeñan un papel muy importante en la formación de la conducta humana, y ninguno de los dos se debe poner a un lado. Seguramente, Leonardo Da Vinci no había oído nada del ratón en el laberinto cuando escribió: «El que no castiga el mal, lo fomenta.»

El cuarto argumento en contra de la práctica sensata del castigo corporal proviene de aquellos que lo ven como algo que daña la dignidad y la autoestima del niño. Este es un tema tan importante que he dedicado un capítulo entero para tratarlo. (Vea el capítulo 4.) Así que en este momento es suficiente decir que un niño es perfectamente capaz de discernir cuándo sus padres le expresan odio o amor. Por esta razón un niño que sabe que se merece unas nalgadas, aparentemente siente un alivio cuando por fin las recibe. En vez de pensar que la disciplina es un insulto, comprende su propósito y aprecia el control que le ayuda a tener sobre sus propios impulsos.

La comprensión que los niños tienen de este aspecto fue hermosamente ilustrada por un niño de cinco años que desobedeció a sus padres en un restaurante. El mismo padre me contó la anécdota. Este muchacho estaba comportándose de manera insolente con su madre, echándole agua a su hermano menor, y deliberadamente haciéndose difícil de soportar. Después de cuatro advertencias que fueron desoídas por el pequeño, su padre le tomó de un brazo, lo llevó afuera y le administró unas buenas nalgadas. Una mujer entrometida que les había seguido desde el restaurante estaba observando el episodio. Cuando el padre comenzó a castigarlo, la mujer se acercó y le dijo: «¡Deje en paz a ese niño! ¡Suéltelo! ¡Si no se detiene voy a llamar a la policía!» El niño de cinco años, que había estado gritando y pataleando, en seguida dejó de llorar y sorprendido le preguntó a su padre: «¿Qué le pasa a esa mujer, papá?» El niño había entendido el propósito de la disciplina, aunque su «rescatadora» no lo había captado. Simplemente desearía que el doctor Valusek y sus contemporáneos tuvieran la misma percepción que ese niño.

Permítame enfatizar de inmediato que el castigo corporal no es el único instrumento que se puede utilizar para moldear la voluntad y que no es apropiado para todas las edades y todas las situaciones. Los padres prudentes tienen que comprender las características físicas y emocionales de cada etapa de la niñez, y luego adaptar la disciplina a las necesidades individuales del niño o niña. Tal vez pueda ayudarle en este proceso aclarando las características singulares de cada etapa del desarrollo infantil y ofreciendo sugerencias prácticas y ejemplos para cada etapa. Le ruego que usted comprenda que esta presentación no pretende ser exhaustiva y que simplemente sugiere los métodos disciplinarios para cada período específico en líneas generales.

Del nacimiento, a los siete meses

Desde el nacimiento hasta los siete meses el niño no necesita ninguna disciplina directa, haciendo caso omiso de la conducta o de las circunstancias. Muchos padres no están de acuerdo con esto y le pegan a un niño de seis meses porque se mueve mientras le cambian el pañal o porque llora a medianoche. Este es un grave error. Un bebé es incapaz de comprender cuál es «la infracción» que ha cometido, o relacionarla con el castigo que ha recibido. Lo que necesita a esta tierna edad es que se le tenga en brazos, que se le quiera, y lo que es más importante: necesita oír una voz suave que lo tranquilice. Se le debe dar de comer cuando tiene hambre, se le debe mantener limpio, seco y calientito. Esencialmente, es probable que el fundamento de la salud física y emocional es puesto durante este primer período de seis meses, que debiera estar caracterizado por una sensación de seguridad y afecto.

Por otra parte, es posible crear un niño intranquilo y exigente si uno corre a levantarlo cada vez que se queja o llora. Los niños pequeños son completamente capaces de aprender a manipular a los padres a través de lo que se llama un proceso de estímulo, por medio del cual se originará una tendencia a que toda conducta, que produce un resultado agradable, sea repetida. Por lo tanto, un bebé saludable es capaz de mantener a su madre ansiosamente inclinada sobre él durante horas del día o de la noche, simplemente haciendo ruidos especiales al respirar. Para evitar tales situaciones, es importante que usted logre un equilibrio entre prestarle al bebé la atención que necesita y establecerlo como un pequeño dictador. No tema dejarlo llorar por un tiempo razonable, lo cual se cree que es saludable para los pulmones, aunque es necesario escuchar el tono de su voz para distinguir la diferencia entre el descontento sin ningún motivo y la verdadera angustia. La mayoría de las madres aprenden a hacer esta distinción con el tiempo.

Antes de poner a un lado este primer período, quiero decir algo que ya está implícito en lo que he dicho anteriormente: «Sí, María, ya sé que hay bebés "fáciles" y bebés "difíciles".» Algunos parecen haber nacido con el propósito de desmantelar el hogar al cual han llegado. Duermen cómodamente durante el día, y se pasan toda la noche dando gritos de protesta; sufren cólicos y ensucian la ropa (generalmente en el camino hacia la iglesia); controlan su cañería interna hasta que usted se los da a alguien extraño para que los tenga en brazos, y entonces la vacían repentinamente. En vez de quedarse acurrucados en los brazos de quien los tiene cargados, se ponen tiesos en busca de libertad. Y para ser francos, una madre se puede encontrar inclinada sobre la cuna de un bebé llorón a las tres de la mañana haciéndose la eterna pregunta: «¿Qué es lo que te pasa, Juanito?»Unos pocos días antes se preguntaba: «¿Sobrevivirá mi hijo?» Ahora la pregunta es: «¿Sobreviviré *yo*?» Pero, créalo o no, las dos generaciones probablemente se recuperarán, y en un tiempo muy breve este principio perturbador no será nada más que un recuerdo borroso en la mente de esos padres. Y ese pequeño tirano se convertirá en un ser humano razonable y amoroso, con un alma eterna y un lugar especial en el corazón de Dios. A la nueva madre, agotada y agobiada, quiero decirle estas palabras: «¡Manténgase firme! ¡Usted está haciendo el trabajo más importante del mundo!»

De los ocho a los catorce meses

Muchos niños comenzarán a poner a prueba la autoridad de sus padres durante este segundo período de siete meses. Los enfrentamientos serán de poca importancia y poco frecuentes antes del primer cumpleaños, pero ya se pueden notar los inicios de los futuros conflictos. Mi propia hija, por ejemplo, desafió a su mamá por primera vez cuando tenía nueve meses de edad. Mi esposa estaba encerando el piso de la cocina cuando Danae gateó hasta el borde del linóleo. Shirley le dijo: «No, Danae», haciéndole gestos para que no entrara en la cocina. Ya que nuestra hija comenzó a hablar desde muy temprano, ella entendió claramente el significado de la palabra «no». Sin embargo siguió gateando sobre la pegajosa cera. Shirley la levantó y la sentó en la entrada de la cocina mientras le decía con más firmeza: «No, Danae.» Sin desanimarse, Danae volvió a gatear hacia el piso recién encerado.

Mi esposa volvió a sacarla, diciendo: «No», en un tono todavía más fuerte mientras la ponía en el piso. Esta escena se repitió siete veces hasta que Danae finalmente se rindió, y llorando gateó en dirección contraria. Según podemos recordar, ése fue el primer choque de voluntades que se dio entre mi esposa y mi hija. Después siguieron muchos otros.

¿Cómo puede disciplinar un padre o una madre a un niño de un año de edad? ¡Con mucho cuidado y ternura! Es muy fácil distraer y hacer cambiar de idea a un niño de esa edad. En vez de arrebatarle la tacita de porcelana china de las manos muéstrele algo más brillante y atractivo, y prepárese para agarrar la taza cuando la deje caer. Cuando se presenten las confrontaciones inevitables, como la que sucedió con Danae en el piso encerado, obtenga la victoria por medio de la persistencia firme y no por medio del castigo. Por otra parte, no tenga miedo de que su niño llore. Las lágrimas pueden convertirse en un arma muy poderosa para evitar la siesta, la hora de dormir, o el tiempo de cambiarle el pañal. Tenga el valor de dirigir a su niño sin ser áspero, severo o malhumorado.

En comparación con los meses que vendrán, el período de la edad de un año es, por lo general, un tiempo de tranquilidad en la vida del niño.

De los quince a los veinticuatro meses

Se ha dicho que todos los seres humanos pueden ser clasificados en dos amplias categorías: Aquellos que votarían «Sí» en las distintas proposiciones de la vida, y aquellos que se inclinarían a votar «No». Puedo decirle con toda confianza que todos los niños de aproximadamente dos años, que hay en el mundo, sin duda alguna, votarían diciendo: «No». Si existe una palabra que caracteriza el período que va de los quince a los veinticuatro meses de edad, es la palabra: «¡No!» No, no quiere comer su cereal. No, no quiere jugar con su camión. No, no quiere que lo bañen. Y por sobre todo, usted puede estar seguro de que en ningún momento quiere acostarse.

Es fácil comprender por qué a este período de la vida se le ha llamado «la primera adolescencia», por causa de las respuestas negativas, el conflicto y la rebeldía que tienen lugar durante esa edad del niño.

El doctor Berry Brazelton ha escrito una hermosa descripción de la «terrible edad de dos años» en su excelente libro titulado «Toddlers and Parents» (Niños pequeños y padres). Recomiendo este libro con todo entusiasmo a aquellos que quieran entender esta etapa de fascinantes desafíos.Lo transcrito abajo es un clásico retrato de un niño de dieciocho meses llamado Gregorio. Aunque nunca lo conocí, conozco muy bien a uno similar... y usted también lo conocerá cuando su propio hijo comience a caminar.

«Cuando Gregorio empezó a volverse negativo cerca de su segundo año de vida, sus padres sintieron como si los hubiesen golpeado con un martillo gigantesco. Su buen carácter parecía haberse perdido debajo de un montón de actitudes negativas. Cuando sus padres le pedían algo, torcía la boca, apretaba los ojos, y luego, enfrentándolos con penetrante mirada, les gritaba: «¡No!» Si le ofrecían helado, que tanto le gustaba, antes de aceptarlo decía: «¡No!» Aunque se apresuraba para ponerse el abrigo antes de salir, también exclamaba: «¡No!»

Sus padres trataban de comprender por qué se comportaba así, pero comenzaron a resentirse. Parecía que el niño estaba luchando contra ellos todo el tiempo. Cuando se le pedía que hiciera alguna tarea doméstica, apropiada para su edad, respondía: «No puedo.» Cuando su madre trató de detenerlo para que no siguiera vaciando su cajón de ropa, la respuesta del niño fue: «Tengo que hacerlo.» Trataba de violar cada límite impuesto por la familia, y parecía no estar satisfecho hasta que sus padres se daban por vencidos. Cuando su mamá lo dejó solo en la sala por un momento, encendió el televisor. Ella regresó, lo apagó de nuevo, regañó a Gregorio y se fue otra vez. Él volvió a encender el televisor. Ella regresó apresuradamente para tratar de razonar con él, y le preguntó por qué la desobedecía. Su respuesta fue: «Tengo que hacerlo.» Ella insistió con más firmeza en que no encendiera el televisor, y él se quedó mirándola fijamente. La madre volvió a la cocina. Nuevamente él encendió el televisor. Ella abrió súbitamente la puerta y le golpeó las manos por hacerlo. Él suspiró profundamente y le dijo: «Tengo que hacerlo.» La madre se sentó cerca de él, rogándole que la escuchara para evitarse un verdadero castigo. La miró con una cara que parecía una rígida máscara, oyendo las palabras pero sin escucharlas realmente. Cansada, volvió a salir del cuarto. Tan pronto abandonó la habitación, el niño se encaminó hacia el televisor y volvió a encenderlo. Ella regresó y con lágrimas en los ojos se dispuso a castigarlo: «Gregorio, ¿por qué quieres que te castigue?, ¿no ves que odio hacerlo?» A lo cual él replicó: «Tengo que hacerlo.» Así que ella se derrumbó en un sillón llorando quedamente con el niño en su regazo. Él se irguió para acariciarle la cara húmeda por las lágrimas.

Después de todo este ajetreo la señora Rodríguez estaba agotada. Gregorio se dio cuenta de esto y comenzó a actuar servicialmente. Corrió a la cocina, y regresó trayéndole el trapeador y el recogedor de basura, mientras ella permanecía sentada. Este cambio la hizo sonreír y lo abrazó fuertemente.

Gregorio se dio cuenta de su cambio de ánimo y corrió alegremente hacia un rincón, donde se escondió detrás de una silla gritando: «Juguemos al escondite». Como empujó la silla, él chocó contra una lámpara que se cayó al piso haciéndose mil pedazos. Su madre reaccionó con un grito: «¡No, Gregorio!» El niño se tiró sobre el piso, se tapó los oídos con las manos, apretó los ojos como tratando de evadir enfrentarse a todo el estrago que había causado.

Tan pronto ella lo subió en su silla él comenzó a llorar y a quejarse. Así que tuvo que suspender la preparación de la comida y disponerse a cambiarle el pañal. Pero esto no es todo. Pues cuando nuevamente lo sentó en la silla él comenzó a moverse y retorcerse. Ella lo bajó para que jugara hasta la hora del almuerzo. La criatura se tendió en el piso quejándose y chillando alternativamente. Tan raro era esto que ella le tocó los pañales para ver si le molestaba alguno de los imperdibles, le tocó la frente para constatar si tenía fiebre y se preguntó si debería darle una aspirina. Luego volvió a preparar la comida. Cuando Gregorio se dio cuenta de que no tenía quien le oyera, se quedó tranquilo.

En el momento en que lo sentó en la silla otra vez, comenzó a llorar nuevamente. Le puso el plato delante con comida para pinchar con el tenedor. Tiró el tenedor al piso y alejó el plato negándose a comer. La señora Rodríguez estaba perpleja. Pensó que el niño no se sentía bien, por lo que le ofreció su helado favorito. Nuevamente se mostró poco dispuesto y se negó a comerlo solo. Cuando ella le ofreció darle la comida, sumisamente consintió en probar algunas cucharadas. Luego le tiró la cuchara de la mano y empujó el helado lejos de él. La señora ahora estaba segura de que su hijo estaba enfermo.

Levantó al niño de la silla, lo puso en el suelo para que jugara y ella comenzó a almorzar. Esto por supuesto, no era lo que él esperaba. La continuó molestando, le pidió comida del plato de ella y la devoró completamente. Eso refutó la teoría de que estaba enfermo. Cuando ella dejó de hacerle caso y quiso seguir comiendo, él redobló sus esfuerzos. Se metió debajo del fregadero, en donde agarró la botella de blanqueador para ropa; la mamá le ordenó que se la trajera y así lo hizo. Luego se tiró sobre el piso y lloró como si estuviese lastimado. Empezó a quejarse como si sufriera un cólico y trató de bajarse los pantalones. Esta era casi la única manera segura de sacar a su madre de las actividades regulares, pues ella se dedicaría a «capturarlo» para sentarlo en el inodoro. Esta fue una de sus señales para llamar la atención, y ella lo llevó apresuradamente al baño. Sonrió con aire de suficiencia pero no hizo nada. La señora Rodríguez de repente se sintió como si estuviese sosteniendo una batalla en varios frentes simultáneamente, y como si se encontrase imposibilitada para poder vencer en ninguno.

Cuando regresó a su ocupación anterior, Gregorio se ensució en los pantalones tal como lo había anunciado antes.»

El cuadro suena desalentador, y hay que admitir que muchas veces un niño pequeño puede destruir la paz y tranquilidad del hogar. (A mi hijo Ryan le gustaba hacer burbujas en el recipiente de agua del perro, un juego que todavía me horroriza.) Sin embargo, con todos los problemas que conlleva no hay momento más emocionante de la vida que este período de dinámico desarrollo, en el que el niño aprende nuevas palabras todos los días, y las graciosas expresiones verbales de esa edad serán recordadas durante muchos años. Es un tiempo emocionante de cuentos de hadas, Papá Noel, los Reyes Magos y lindos cachorros. Y lo que es más importante, es un tiempo precioso de amor y afecto, que pasará demasiado pronto. Hay millones de padres hoy, ya entrados en años, con hijos mayores, que darían todo lo que tienen por volver a vivir esos días felices cuando sus hijos comenzaron a caminar.

Permítame hacerle algunas recomendaciones sobre la disciplina, que pienso podrán disminuir algunas de las tensiones que surgen durante este período en la vida de los niños. Debo aclarar ahora mismo que el negativismo de este período turbulento es normal y saludable y que nada podrá lograr que un niño de dieciocho meses actúe como uno de cinco años.

En primer lugar, y por razones obvias, es importante que el padre colabore en la disciplina y participe en el proceso de crianza cuando le sea posible. Los hijos necesitan a sus padres, y responden a su firmeza masculina, pero también las esposas necesitan a sus maridos. Esto es especialmente cierto en el caso de esposas como la madre de Gregorio que se han pasado el día en una lucha continua, y al anochecer se encuentran en un estado de completo agotamiento. Por supuesto, los maridos también se cansan, pero si pueden sostenerse en pie lo suficiente como para ayudar a sus esposas a meter a las pequeñas fieras en la cama, nada podría contribuir más a la estabilidad de sus hogares. Especialmente simpatizo con aquellas madres que están criando a uno o dos niños que caminan y a un bebé. No existe labor más difícil sobre la faz de la tierra. Los maridos que reconocen este hecho pueden colaborar a fin de que sus esposas se sientan comprendidas, amadas y apoyadas en el vital trabajo que están realizando. (Por favor no me pregunte aquí cómo se puede convencer a los esposos para que acepten tales responsabilidades. Soy como el ratón que recomendaba que le pusieran un cascabel al gato, pero no tenía la mínima idea de quien podría hacerlo.)

En cuanto a la disciplina específica para un niño pequeño que tiene voluntad firme, puede comenzarse a darle nalgadas suaves entre los quince y dieciocho meses de edad. Éstas no deberían ser muy frecuentes y se deben reservar para los casos de desafío evidente, como el de Gregorio cuando encendía deliberadamente el televisor. Claramente sabía lo que su madre esperaba de él, pero se negaba a complacerla. Pero no se le debía castigar por derribar la lámpara o por el supuesto cólico o por negarse a comer el helado. Una mano dura de autoridad, durante este período, hace que el niño reprima su necesidad de experimentar y probar el ambiente en que vive, lo cual puede tener consecuencias duraderas. Repito, al niño pequeño se le debe enseñar a obedecer y a someterse a la autoridad de los padres, pero esto no se logrará de la noche a la mañana.

Cuando las nalgadas sean necesarias, se deben dar con un objeto neutral; como una pequeña vara flexible, o un cinto, pero rara vez se debe usar la mano. Siempre he pensado que el niño debe ver la mano como un objeto de amor, y no como un instrumento de castigo. Además, si un padre tiene la costumbre de pegarle con la mano a un niño pequeño, cuando él no está esperando ser golpeado, entonces es muy probable que bajará rápidamente la cabeza y retrocederá, cada vez que el padre, de repente, se rasque una oreja. Y, por supuesto, una bofetada puede desviarle la nariz, o hacerle daño permanente a los oídos o la mandíbula. Si todas las nalgadas se administran con un objeto neutral, entonces el niño nunca tendrá temor de que súbitamente será castigado por alguna imprudencia accidental. (Hay excepciones a esta regla, como cuando se le da un golpecito al niño en la mano porque trata de tocar la cocina u otro objeto peligroso.)

¿Deben doler las nalgadas? Sí, o de otro modo no tendrían ninguna influencia. Una nalgada, que se da sobre un grueso pañal húmedo, no comunica en realidad ningún mensaje importante. Sin embargo, para un niño pequeño, un poco de dolor es algo que produce mucho efecto; no es necesario, por cierto, darle una paliza. Por lo general, dos o tres nalgadas o golpecitos en las piernas son suficientes para enfatizar el punto: "Tú tienes que obedecerme". Y por último, es importante que las nalgadas sean dadas *inmediatamente* después que él cometa la falta, o que no sean dadas en absoluto. La memoria de un niño pequeño no está lo suficientemente desarrollada como para permitir ni siquiera una demora de diez minutos en la aplicación de la disciplina. Después que todo haya pasado, y el llanto se haya calmado, es posible que el niño quiera ser abrazado y que la confianza le sea restaurada por la madre o el padre. Por supuesto, déjele venir a usted. Abrácelo en la seguridad de sus brazos amorosos. Arrúllelo tiernamente. Dígale cuánto lo quiere y por qué debe obedecer a su mamá. Ese momento puede ser el acontecimiento más importante de todo el día.

Aconsejo a los padres que no castiguen a sus hijos pequeños por su comportamiento que es natural y necesario para aprender y desarrollarse. La exploración de su ambiente es de gran importancia para su estímulo intelectual. Usted y yo, como adultos, miramos un adorno de cristal y obtenemos por medio de una inspección visual la información que buscamos. Sin embargo, un niño pequeño querrá someterlo al examen de todos sus sentidos. Lo tocará, gustará, olerá, lo agitará en el aire, lo golpeará contra la pared, lo tirará al suelo, y prestará atención al bonito sonido que producirá al hacerse pedazos. Por medio de este proceso aprenderá algo acerca de la ley de gravedad, de las superficies lisas y ásperas, de la fragilidad del cristal, y algunas cosas sorprendentes acerca del enojo de la madre.

¿Estoy sugiriendo que se le permita al niño destruir el hogar y todo lo que éste contiene? No. Pero tampoco es correcto que un niño curioso mantenga sus manos atadas al cuerpo. Los padres debieran quitar del alcance de sus hijos aquellos artículos que son frágiles o peligrosos, y poner a la largo de su camino toda clase de cosas que les atraigan. Permítale a su hijo explorar todo lo que sea posible y no lo castigue si toca algo que no sabe que está vedado para él, sin tener en cuenta su valor. En referencia a los objetos peligrosos como enchufes eléctricos, cocinas y los demás artículos que son «intocables», como los botones del televisor, es posible y necesario enseñarle y hacerle cumplir la orden: «No toques eso.» Después de explicarle lo que se espera de él, un golpecito en los dedos o en las manos le hará desistir de volver a tocarlo.

Libros enteros han sido escritos sobre el tema que aquí yo he tocado con tanta brevedad. Sin embargo, espero que esta breve introducción sirva para darle aunque sea «el sabor» de la disciplina de un niño pequeño.

Antes de abandonar este dinámico período de la vida, debo compartir con mis lectores los resultados de un estudio muy importante que llevó diez años, sobre los niños de los ocho a los dieciocho meses de edad. Esta investigación conocida como «El proyecto preescolar de la Universidad de Harvard», fue dirigida por el doctor Burton L. White y un equipo de quince investigadores entre los años 1965 al 1975. Ellos estudiaron en forma intensiva a los niños de esta edad tratando de descubrir cuáles eran las experiencias que contribuían en esta edad al desarrollo de un ser humano saludable e inteligente. Las conclusiones de este esfuerzo concienzudo están resumidas a continuación, según fue reportado originalmente en la revista «APA Monitor» de la Asociación Norteamericana de Sicología.

1. Cada vez resulta más claro que los orígenes de la capacidad humana se encuentran en el crítico y decisivo período de desarrollo entre los ocho y los dieciocho meses de edad. Las experiencias de los niños durante estos cortos meses influyen más en su futura capacidad intelectual que en cualquier otro tiempo antes o después.

2. El factor ambiental más importante en la vida del niño es su madre. «Ella es la clave», dijo el doctor White. Y ejerce más influencia en las experiencias del niño que cualquier otra persona o circunstancia.

3. La cantidad de lenguaje «en vivo» que se le dirige a un niño es vital para el desarrollo fundamental de sus habilidades lingüísticas, intelectuales y sociales. (Este lenguaje «en vivo» no debe ser confundido con lo que se escucha en radio, televisión o en conversaciones que no lo incluyen a él.) La conclusión de los investigadores fue: «Proveer al niño de doce a quince meses de edad de una abundante vida social, es lo mejor que se puede hacer para garantizar que llegue a tener una inteligencia bien desarrollada.»

4. Los niños a quienes se les dio un libre acceso a todas las áreas de sus casas progresaron mucho más rápido que aquellos a quienes se les restringieron sus movimientos.

5. El núcleo familiar es el sistema de educación más importante. Si queremos producir niños capaces y saludables, hay que fortalecer a las familias y mejorar la interacción que ocurre dentro de ellas.

6. Los mejores padres fueron los que sobresalieron en tres funciones clave:

   1) Eran excelentes diseñadores y organizadores del ambiente de sus hijos.

   2) Permitieron que sus hijos les interrumpieran durante cortos períodos de treinta segundos durante los cuales compartían consejos, consuelo, información y entusiasmo.

   3) «APLICARON LA DISCIPLINA DE MANERA ESTRICTA AL MISMO TIEMPO QUE MOSTRARON UN GRAN AFECTO HACIA SUS HIJOS.» (Yo no podría haberlo dicho mejor.)

¿Acaso hablan estos resultados a cualquier otra persona en forma más dramática que a mí mismo? En todos ellos escucho una afirmación y una confirmación de todos los conceptos a los cuales he dedicado mi vida profesional.

De los dos a los tres años

Tal vez el aspecto más frustrante de la «terrible edad de dos años» es la tendencia de los niños a derramar cosas, destruir cosas, comer cosas horribles; caerse de encima de cosas, echar cosas por el inodoro y meterse dentro de cosas. Además, parecen tener una habilidad especial para hacer cosas que avergüencen a los padres, como estornudar encima de alguien en un restaurante. Durante esos años de la infancia, si un niño está callado por más de treinta segundos, mientras se encuentra solo, eso puede hacer que un adulto caiga en estado de pánico. ¿Qué madre no ha sentido el escalofrío de abrir la puerta de su dormitorio y encontrar al «terrible Juanito» manchado con lápiz labial desde la cabeza hasta los pies? En la pared un dibujo de su propia creación que representa una mano embarrada de rojo. Y flotando en el aire se siente el aroma del perfume caro de la madre, con el cual ha bañado a su hermanito menor. ¿No sería interesante convocar una convención nacional para reunir a todas las mujeres que han experimentado traumas similares a estos?

Cuando mi hija tenía dos años de edad se sintió fascinada la primera vez que me vio afeitar en la mañana. Se quedó cautivada al ver que me echaba espuma en la cara y que luego me pasaba la máquina de afeitar. Esta debió ser mi primera pista de lo que iba a suceder. A la mañana siguiente mi esposa Shirley entró en el baño y encontró a nuestro perrito salchicha sentado en su lugar favorito, en el forro de piel de la tapa del inodoro. Danae le había cubierto la cabeza con crema de afeitar y sistemáticamente se la estaba afeitando. Shirley le gritó: «¡Danae!», lo cual hizo que el perro y su barbera salieran corriendo en busca de seguridad. Era algo bastante extraño ver al perrito, todo asustado, sin nada más que las orejas colgando desde la cabeza totalmente pelada.

Cuando Ryan tenía la misma edad, mostró una habilidad increíble para hacer líos. Podía derramar o desparramar cualquier cosa en el tiempo más corto que jamás haya podido hacerlo otro niño que yo he conocido. Esto sucedía especialmente en el momento de comer. (Una vez, en la que Ryan estaba comiendo un sandwich de mantequilla de maní, metió la mano a través de la rebanada de abajo. Cuando sus dedos aparecieron en la parte de arriba, estaban cubiertos de mantequilla de maní, y Ryan no se dio cuenta de que eran sus dedos. El pobre muchacho estuvo a punto de arrancarse el dedo índice de un mordisco.) A raíz de su inclinación destructiva Ryan escuchó la palabra «lío» muy frecuentemente en boca de sus padres. Ésta se convirtió en una de las palabras más importantes de su vocabulario. Una noche, mientras me daba una ducha, dejé la puerta entreabierta y cayó algo de agua sobre el piso. Y como se puede imaginar, Ryan apareció por allí y se paró en un rincón. Me miró y con la voz más áspera que podía lograr, dijo: «¿Quién ha armado todo este lío aquí?»

Usted tiene que mantener un cierto sentido del humor durante los dos y los tres años de su hijo para que no se vuelva loco. También debe ocuparse de la tarea de inculcar obediencia y respeto a la autoridad. Así que muchos de los comentarios escritos en la sección anterior son aplicables también a los niños entre los 22 y los 36 meses de edad. Aunque el niño «mayor» es muy diferente física y emocionalmente al de dieciocho meses, la tendencia a someter a prueba y desafiar la autoridad de los padres es todavía mucho más evidente. En efecto, cuando el niño gana constantemente sus primeras confrontaciones y conflictos se vuelve mucho más difícil de manejar cuando tiene dos y tres años. Entonces una falta de respeto a la autoridad, que durará toda la vida, comienza a arraigarse en su mente. Por lo tanto, no hay peligro de que yo ponga demasiado énfasis en la importancia de inculcar dos claros mensajes en la mente del niño antes que cumpla 40 meses de edad:

- 1) «Yo te amo mucho más de lo que tú puedes entender. Eres valioso para mí, y le doy gracias a Dios todos los días por permitirme criarte.»
- 2) «Porque te amo tanto, debo enseñarte a obedecerme. Es la única manera en la que puedo cuidarte y protegerte de cosas que podrían lastimarte.» Leamos lo que dice la Biblia:

Hijos, obedeced en el Señor a vuestros padres,
porque esto es justo.

Efesios 6:1

La buena crianza de los hijos está fundada en estos dos ingredientes esenciales: el amor y el control, operando en un sistema de frenos y equilibrios. Si se concentra la atención en el amor y se excluye el control, eso suele producir falta de respeto y desprecio. Por otro lado, una atmósfera autoritaria y opresiva afecta profundamente al niño, que siente que no lo aman o incluso que lo odian. Permítame enfatizar que el objetivo a lograr con un niño pequeño es alcanzar un equilibrio entre la misericordia y la justicia, el afecto y la autoridad, el amor y el control.

Específicamente, ¿cómo podemos disciplinar a un niño travieso de dos o tres años de edad? Una manera de hacerlo podría ser obligar al niño, o a la niña, a que se siente en una silla y piense en lo que ha hecho. La mayoría de los niños de esta edad están bullendo de energía y no soportan pasar diez minutos aburridos, con sus inquietos traseros pegados a una silla. Para algunos de ellos, esta clase de castigo puede ser aun más efectiva que unas nalgadas, y la recuerdan por más tiempo.

Algunos padres, a quienes he hecho esta recomendación, a menudo me han preguntado: «Pero ¿qué hacemos si él no quiere quedarse sentado en la silla?» La misma pregunta se expresa en relación con los niños que se levantan de la cama después que se les ha hecho acostar en la noche. Estos son ejemplos de las confrontaciones directas que he descrito anteriormente. Los padres que no pueden obligar a su hijo a quedarse sentado en una silla o acostado en su cama, todavía no han logrado tener control de ese niño. Y no existe mejor momento que el de ahora para cambiar esa clase de relación.

Puedo sugerir que se ponga al niño en su cama y se le digan las siguientes palabras: «Juanito, esta vez mamá habla en serio. ¿Me estás escuchando? No te levantes de la cama. ¿Me entiendes?» Entonces, cuando él ponga los pies en el suelo, péguele una vez en las piernas con un cinto. Ponga el cinto en su armario, donde él pueda verlo, y prométale que le va a pegar otra vez si se vuelve a levantar. Salga confiadamente del cuarto sin decir nada más. Si insiste nuevamente en levantarse cumpla lo que ha prometido y hágale la misma advertencia si no se queda en la cama. Repita el episodio hasta que él reconozca que usted es quien manda. Luego, abrácelo, dígale que lo ama, y recuérdele cuán importante es para él descansar a fin de no enfermarse, etcétera. El propósito que usted debe tener en este tipo de experiencia, que a veces es dolorosa para ambos, no sólo es lograr que el niño se quede en la cama, sino también confirmar en su mente que usted es el que tiene la autoridad. Mi opinión es que demasiados padres carecen del valor necesario para ganar este tipo de confrontaciones y se quedan desconcertados y a la defensiva para siempre. El doctor Benjamin Spock escribió, en 1974: «La incapacidad para actuar con firmeza es —según pienso— el problema más común de los padres hoy en día.» Yo estoy totalmente de acuerdo.

De los cuatro a los ocho años de edad

Cuando el niño cumple los cuatro años de edad el énfasis de la disciplina debiera centrarse no sólo en su conducta, sino también en las actitudes que la motivan. La tarea de moldear la personalidad puede ser relativamente simple o increíblemente difícil.

Todo depende del temperamento básico del niño en particular. Algunos muchachos son naturalmente agradables, amorosos y confiados, mientras que otros creen que todo el mundo quiere hacerles daño. Algunos disfrutan compartiendo y son generosos, mientras que sus hermanos son egoístas y exigentes. Algunos sonríen durante todo el día, mientras que otros se lo pasan quejándose por cualquier cosa, desde la pasta dental que usan hasta el color de las zanahorias del almuerzo.

Estos diferentes tipos de actitudes no se mantienen estables de un momento a otro. Más bien existe una tendencia a la alternación cíclica entre la rebelión y la obediencia. En otras palabras, un tiempo de intenso conflicto y rebeldía, si se maneja adecuadamente, es seguido por un período de amor y cooperación. Entonces, cuando papá y mamá están tranquilos y se felicitan a sí mismos por haber hecho un excelente trabajo como padres, su pequeño camaleón cambia de color nuevamente.

Algunas personas podrían preguntar: «¿Y qué? ¿Por qué deben preocuparnos las actitudes de un niño o una niña?» En realidad, hay muchos especialistas en la crianza de los niños que sugieren a los padres que no hagan caso de las actitudes negativas, incluyendo aquellas que sin lugar a dudas son de carácter desafiante. Veamos las ingenuas recomendaciones que hace el doctor Luther Woodward, como aparecen en el libro dedicado a los padres, que lleva por título: «Your Child from Two to Five» («Su niño de los dos a los cinco años de edad»).

«¿Qué hace usted cuando su hijo de edad preescolar le lanza un insulto o le amenaza con meterle la cabeza en el inodoro? ¿Lo regaña, lo castiga... o, con sensatez, toma las cosas con calma?

El doctor Woodward recomienda una táctica positiva de comprensión, como la mejor y más rápida manera de ayudar al niño para que deje a un lado esta violencia verbal. Cuando los padres se dan cuenta de que todos los niños pequeños a veces se sienten enojados y tienen deseos destructivos, son más capaces de reducir al mínimo este tipo de estallidos. Una vez que el niño se ha librado de su hostilidad, el deseo de destruir desaparece y los sentimientos instintivos de amor y afecto tienen la oportunidad de brotar y crecer. Cuando el niño tenga seis o siete años los padres pueden hacerle saber, como es debido, que se espera que él deje de hablarles de una manera insolente.»

En la conclusión, el doctor Woodward revela las implicaciones de sus recomendaciones permisivas por medio de esta advertencia a aquellos que traten de aplicarlas:

«Pero esta táctica requiere una amplia perspectiva y una dosis de serenidad, especialmente cuando los amigos y los parientes la desaprueban y le advierten a usted que lo que está criando es un verdadero pillo.»

En este caso, los amigos y parientes tal vez tienen razón. Esta sugerencia, publicada durante la permisiva era de los años 50 y muy típica de los escritos de esa época, está basada en la idea simplista de que los niños desarrollarán actitudes suaves y cariñosas si los adultos permiten y estimulan sus rabietas durante la infancia. Según el optimista doctor Woodward, se puede esperar que el pequeño, que durante seis o siete años ha estado lanzándole insultos a su madre, repentinamente se acercará y la abrazará con gran amor, reconociendo su dignidad. Ese cambio es muy improbable. A mi parecer, la «táctica de comprensión» del doctor Woodward (que significa a veces quedarse quieto y no hacer nada) ofrece un pasaje de ida hacia el desastre emocional y social. He expresado mi opinión, que es muy diferente de ésta, en mi libro de hace varios años, titulado: «Atrévete a disciplinar».

«Si deseamos que los niños sean bondadosos, agradecidos y agradables, es preciso enseñarles esas cualidades y no esperar que surjan espontáneamente. Si queremos ver honestidad, sinceridad y generosidad en nuestros hijos, entonces esas características debieran contarse entre los objetivos conscientes de todo el proceso básico de instrucción. Si es importante producir jóvenes ciudadanos respetuosos y responsables, entonces debemos proponernos moldarlos de una manera apropiada.

El caso es obvio. La herencia no equipa a un niño con actitudes adecuadas; ios niños aprenderán lo que se les enseñe. No podemos esperar que las actitudes y la conducta que deseamos ver, aparezcan si no hacemos nuestra tarea en el hogar durante el tiempo de la tierna infancia. Y parece claro que muchos padres de niños nacidos después de la Segunda Guerra Mundial han fallado en esta tarea decisiva.»

Pero, ¿cómo puede uno moldear las actitudes de los niños? Muchos padres encuentran más fácil enfrentarse a la desobediencia que se manifiesta descaradamente que con desagradables características del temperamento o de la personalidad. Permítame hacer dos sugerencias a los padres, que son muy antiguas, y luego presentaré un sistema que se puede utilizar con los niños que son especialmente rebeldes.

1. No existe ningún sustituto que pueda reemplazar el ejemplo de los padres en cuanto a las actitudes que deseamos enseñar. Alguien escribió: «Es muy posible que el niño siga los pasos de sus padres aunque ellos quieran ocultarlos». Esto es cierto. Nuestros niños nos observan cuidadosamente y en forma instintiva imitan nuestra conducta. Por lo tanto, difícilmente podemos esperar que sean corteses y generosos si nosotros somos groseros y egoístas. No podremos enseñarles a ser agradecidos si nunca —ni dentro del hogar ni fuera de él— usamos las palabras «por favor» y «gracias». No produciremos niños honestos si los obligamos a mentirle al cobrador que llama por teléfono: «No, papá no está en casa.» En estos asuntos nuestros hijos inmediatamente disciernen la separación que existe

entre lo que hacemos y lo que decimos. Y ante la alternativa, por lo general, se identificarán con nuestra conducta y pasarán por alto nuestras inútiles palabras.

2. Muchas de las actitudes buenas que se les debieran enseñar a los niños son en realidad herencia de la ética judeocristiana incluyendo la honestidad, el respeto, la bondad, el amor, la dignidad humana, la obediencia, la responsabilidad y la reverencia. Pero, ¿cómo se transmiten estos principios tradicionales a la nueva generación? La respuesta la encontramos en lo que Moisés escribió hace más de 4.000 años en el libro de Deuteronomio:

Y estas palabras que yo te mando hoy, estarán sobre tu corazón; y las repetirás a tus hijos, y hablarás de ellas estando en tu casa, y andando por el camino, y al acostarte, y cuando te levantes. Y las atarás como una señal en tu mano, y estarán como frontales entre tus ojos; y las escribirás en los postes de tu casa, y en tus puertas.

Deuteronomio 6:6-9

En otras palabras, no podemos inculcar estas actitudes durante un tiempo breve de oración antes de acostarnos, o durante reuniones formales de instrucción. Debemos *vivirlas* día y noche. Deben surgir durante nuestras conversaciones habituales y debemos reforzarlas con ilustraciones, demostraciones, elogios y castigos. Esta labor de la enseñanza es, según creo, la más importante que Dios ha dado a los padres.

Finalmente, permítame ofrecer algunas sugerencias que pueden ser útiles para tratar al niño de voluntad firme o negativa (de seis años o más), con el cual las otras formas de instrucción no han sido eficaces. Me refiero específicamente al niño de carácter amargado y exigente que está haciendo infeliz a la familia y a él mismo. Es capaz de volverse insoportable durante semanas y criticar los esfuerzos de todos los que están a su alrededor. El problema con un individuo de esta clase es definir cuáles son los cambios que se desean y luego fortalecer las mejoras cuando éstas ocurran. Las actitudes son conceptos abstractos que un niño de seis u ocho años no puede comprender totalmente, y necesitamos un sistema que aclare en su mente lo que se espera de él.

Para ese fin he confeccionado lo que podríamos llamar una «Tarjeta de actitud» que convierte ese modo sutil de conducta en términos matemáticos más concretos. (Vea la ilustración.) Es preciso tener en cuenta que este sistema no resultaría apropiado para el niño que meramente pasa un «mal día», o que se porta mal debido a una enfermedad, fatiga o condiciones ambientales. Más bien es una herramienta para ayudar a cambiar actitudes continuamente negativas e irrespetuosas, logrando que el niño esté consciente de su problema.

La «Tarjeta de actitud» debiera ser preparada y luego reproducida, ya que se necesitará una distinta para cada día. Marque con una X los cuadros apropiados para cada categoría, y al final del día sume el total de los puntos «ganados». Aunque al niño le parezca que este proceso de evaluación nocturna es imparcial, es evidente que los padres pueden influir sobre su resultado, pensando en el mismo por adelantado (a esto se le llama «hacer trampas»). Puede ser que papá o mamá quieran que la primera noche Juanito obtenga 18 puntos, apenas evitando así el castigo pero dándose cuenta de que al día siguiente debe esforzarse por mejorar. Debo enfatizar, sin embargo, que el sistema fracasará rotundamente si el niño que se porta mal no recibe el castigo que merece, o si habiéndose esforzado por mejorar no se le permite disfrutar del tiempo de diversión familiar que se le había prometido. Este sistema simplemente es un método para aplicar premios y castigos a las actitudes de los niños en una forma que ellos pueden entender y recordar. Para aquellos niños que no saben todavía los números puede ser útil usar un gráfico acumula-

MI TARJETA DE ACTITUD

Para el día _____ de _____ de 19 _____

	1 EXCELENTE	2 BUENA	3 ACEPTABLE	4 MALA	5 PÉSIMA
Mi actitud hacia mamá					
Mi actitud hacia papá					
Mi actitud hacia mis hermanos					
Mi actitud hacia mis amigos					
Mi actitud hacia mis deberes					
Mi actitud en cuanto a la hora de acostarme					

TOTAL DE PUNTOS _____

PUNTOS	CONSECUENCIAS
De 6-9 puntos:	Toda la familia junta tendrá untiempo de diversión
De 10-18 puntos:	No pasa nada, ni bueno ni malo
De 19-20 puntos;	Tengo que estar en el cuarto por una hora castigado
De 21-22 puntos:	Se me pegará una vez con el cinto
De 23 puntos en adelante puntos:	Se me pegará dos veces con el cinto

tivo (como el que aparece en la página 59) donde se dibujen los totales del día.

No espero que todos adopten este sistema o que lo usen en sus hogares. En realidad, los padres de niños obedientes y tranquilos podrían hasta confundirse y terminar preguntando para qué sería necesario algo así en sus hogares. Sin embargo, los padres de niños malhumorados lo comprenderán más rápidamente. Úselo o no, según se presente la situación.

De los nueve a los doce años de edad

En el mejor de los casos los fundamentos han sido puestos durante los primeros nueve años, lo que permitirá entonces un cierto aflojamiento de la autoridad. Cada año que pase debe requerir menos reglamentos, menos disciplina directa y más independencia para el niño. Esto no significa que un niño de diez años sea emancipado repentinamente, sino que se le permite tomar más decisiones acerca de su propia vida que cuando tenía seis años. También significa que debe ir asumiendo más responsabilidades conforme va creciendo.

El castigo corporal debería ser menos frecuente durante este período anterior a la adolescencia. Por supuesto, algunos niños de voluntad firme exigirán que se les castigue físicamente, y se les deberá complacer. Sin embargo, el niño obediente debería haber experimentado su última nalgada al final de la primera década de su vida, o quizás alrededor de los seis años de edad.

El objetivo principal durante el período de la preadolescencia es enseñarle al niño que sus acciones acarrean consecuencias inevitables. Uno de los más serios desastres en esta sociedad permisiva es el no relacionar estos dos factores: la conducta y las consecuencias. Demasiado a menudo, un niño de tres años insulta a la madre, y ella se queda mirándole confundida y sin hacer nada. Un alumno de primer grado inicia un ataque contra su maestro, pero la escuela es indulgente con los niños de esa edad y no hace nada por disciplinarle. Un niño de diez años es sorprendido robando caramelos en un supermercado, pero se le

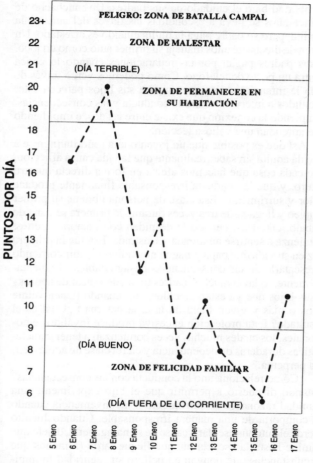

da libertad bajo el cuidado de sus padres. Un muchacho de quince años se lleva a escondidas las llaves del auto de la familia, pero su padre paga la multa cuando es arrestado. Un joven de diecisiete años maneja su primer auto como un loco, y sus padres pagan por las reparaciones cuando lo choca contra un poste de teléfono. Como podemos ver, a través de toda la infancia padres que aman a sus hijos parecen estar decididos a intervenir entre la conducta y las consecuencias, rompiendo la conexión que existe entre las dos, e impidiendo que aprendan una valiosa lección.

Así que es posible que un joven o una señorita ingrese a la vida adulta sin saber realmente que la vida causa aflicción, que cada cosa que hacemos afecta en forma directa nuestro futuro, y que la conducta irresponsable finalmente produce dolor y sufrimiento. Esa clase de persona obtiene su primer empleo y llega tarde tres veces durante la primera semana de trabajo; entonces, cuando la despiden con palabras fuertes, comienza a sentirse amargada y frustrada. Esa fue la primera vez en su vida que papá y mamá no pudieron venir corriendo a rescatarle de las consecuencias desagradables. (Lamentablemente, todavía muchos padres tratan de «sacar de apuros» a sus hijos que ya están crecidos, aun cuando tienen veinte años o más y viven fuera de la casa paterna.) ¿Cuál es el resultado? Esta protección excesiva produce inválidos emocionales, los cuales muchas veces comienzan a tener características duraderas de dependencia y cierta clase de adolescencia perpetua.

¿Cómo relaciona uno la conducta con las consecuencias? Estando dispuesto a permitir que el hijo experimente una cantidad razonable de sufrimiento o inconveniencia cuando se comporta de una manera irresponsable. Cuando Juanito pierde el autobús escolar a causa de su haraganería, déjelo que camine hasta la escuela aunque llegue tarde (a menos que circunstancias que pongan en peligro su seguridad lo impidan.) Si Anita, por ser descuidada, pierde el dinero de su almuerzo, déjela que se quede sin almorzar ese día. Es evidente que existe el peligro de que siendo duro e inflexible con un niño inmaduro, este principio sea llevado demasiado lejos. Pero el mejor método es esperar que los niños y las niñas asuman las responsabilidades propias de su edad, y que ocasionalmente prueben el amargo fruto que produce el árbol de la irresponsabilidad.

Permítame ofrecerle una última ilustración que el padre o la madre puede leerle a un niño o niña de once o doce años de edad. La siguiente historia fue difundida por la United Press International, pocos días después que había ocurrido un eclipse de sol:

«Me quedé mirando fijamente. Estaba fascinada por el eclipse», dice una jovencita. Ahora está ciega.

Tipton, Indiana (UPI). Ana Turner, de 15 años de edad, es una prueba viviente del peligro que representa tratar de ver un eclipse sin la debida protección en los ojos. Ahora está ciega.

El 7 de marzo, a pesar de las advertencias que había leído, Ana "echó una rápida mirada a través de la ventana de su casa" al eclipse solar que estaba ocurriendo.

"Por alguna razón, me quedé mirando fijamente a través de la ventana" —le dijo Ana a Pat Cline, un reportero del diario de Tipton—. Estaba fascinada por lo que estaba pasando en el cielo."

"No sentí ningún dolor ni incomodidad mientras miraba. Había estado allí tal vez cuatro o cinco minutos, cuando mi mamá vino e hizo que me alejara de la ventana."

Ana dijo: "Luego comencé a ver muchas manchas delante de mis ojos, pero no le di mucha importancia al asunto." Un poco más tarde salió a la calle y, de pronto, al mirar una señal de tráfico se dio cuenta de que no podía leer los letreros.

Sintiendo mucho miedo, Ana dio la vuelta y regresó a su hogar. Cuando llegó a la puerta se encontró, según dijo ella, con que estaba "caminando en la oscuridad".

Estaba demasiado asustada y no se atrevió a decirle nada a su familia hasta el otro día, pero "tenía la horrible sospecha de que algo terrible estaba sucediendo".

"Me puse a llorar y a llorar —dijo ella—. No quería quedarme ciega. Dios sabe que no deseaba vivir en las tinieblas el resto de mi vida."

"Esperaba que la pesadilla pasaría y que podría ver de nuevo, pero las tinieblas cada vez eran peores. Estaba asustada. Había desobedecido a mis padres y no había tenido en cuenta las demás advertencias. Ya no podía volver atrás y cambiar todas las cosas. Era demasiado tarde."

Cuando los padres de Ana se dieron cuenta de lo que había sucedido, la llevaron a los especialistas. Pero los doctores movieron las cabezas negativamente y dijeron que no podían ayudar a Ana a recobrar la vista. Dijeron que está ciega 90%, y que sólo podrá divisar los contornos de objetos grandes en los extremos exteriores de lo que solía ser su visión normal.

Con la ayuda de un profesor particular, Ana ha podido seguir estudiando. Está aprendiendo a adaptarse al mundo de la oscuridad.

Después de leerle esta dramática historia a su hijo, tal vez sería sabio decirle: «Manuel, este terrible acontecimiento le sucedió a Ana porque ella no creyó lo que le habían dicho sus padres y otros adultos. Por el contrario, se basó en su propio discernimiento. Y la razón por la que te leí esta historia es para ayudarte a comprender que pronto podrías estar en una situación similar a la de Ana. Cuando te acerques a los trece o catorce años de edad, tendrás muchas oportunidades de hacer cosas de las cuales te hemos dicho que son dañinas. Por ejemplo, alguien te podría dar algunas drogas, que no parezcan peligrosas en absoluto, ni siquiera después de tomarlas. Pero, al igual que Ana, pudiera ser que no te dieras cuenta de las consecuencias hasta que fuera demasiado tarde. Por eso es tan importante que creas las advertencias que te hemos hecho, más que confiar en tu propio juicio. Muchos jovencitos cometen errores durante la adolescencia que afectarán el resto de sus vidas, y yo quiero ayudarte para que evites esos problemas. Pero la verdad del asunto es que sólo tú puedes determinar el curso de tu acción y elegir tu propio camino. Puedes aceptar lo que te dicen tus propios ojos, como sucedió con Ana, o puedes creer lo que tu madre y yo te hemos dicho, y aun más importante, lo que leemos en la Palabra de Dios. Confío en que harás las cosas correctamente y tomarás las decisiones adecuadas, por lo que seremos felices al verte crecer.»

Hay mucho más que podría decirse acerca de esta edad, pero las limitaciones de tiempo y espacio me obligan a seguir adelante. En conclusión, el período entre los diez y once años a menudo es un tiempo de gran intimidad y de amor sin pretensiones entre padres e hijos. Disfrútelo al máximo, porque créame, los días más difíciles están por venir. Consideraremos la disciplina del adolescente en un capítulo dedicado a este tema, dada la importancia del mismo.

Comentario final

Durante un viaje reciente, en el cual di conferencias, me acompañó mi esposa Shirley, lo que nos obligó a dejar a nuestros hijos, durante toda una semana, con los abuelos. Mis suegros son unas personas maravillosas, y aman profundamente a Danae y a Ryan. Sin embargo, dos niños activos, ruidosos e inquietos pueden trastornar los nervios de cualquier persona adulta, especialmente cuando se trata de gente que está por jubilarse. Cuando volvimos del viaje le pregunté a mi suegro cómo se habían portado los muchachos y si le habían causado problemas. Me contestó: «¡No!, son buenos muchachos. Pero lo importante es mantenerlos al aire libre.»

Esta fue, probablemente, la mejor recomendación sobre la disciplina que ha sido dada. Muchos problemas de comportamiento se pueden prevenir simplemente evitando las circunstancias que los crean. Y especialmente para los niños y las niñas que crecen en nuestras ciudades congestionadas tal vez lo mejor sea «mantenerlos al aire libre». La verdad es que no es mala idea.

Preguntas y respuestas

Pregunta: **¿No es nuestra meta producir hijos que tengan autodisciplina y confianza en sí mismos? Si es así, ¿cómo se logra que los hijos adopten la disciplina externa de los padres como propia?**

Respuesta: Su pregunta es muy interesante, pero, en mi opinión, revela una idea equivocada de lo que es un niño. Existen muchas autoridades que sugieren que los padres no deben disciplinar a sus hijos, por la misma razón que usted insinúa en su pregunta: quieren que ellos se disciplinen a sí mismos. Pero ya que los jóvenes carecen de la madurez necesaria para producir ese autocontrol, muchos atraviesan la infancia sin experimentar ni la disciplina interna ni la externa. Por lo tanto, comienzan la vida adulta sin jamás haber realizado una labor desagradable, o haber aceptado una orden que les disguste, o haberse sometido al liderazgo de los mayores. ¿Podremos esperar que esa persona ejerza la autodisciplina cuando llegue a la edad adulta? Pienso que no. Ni siquiera conoce el significado de la palabra.

Mi concepto es que los padres deben introducir al hijo a la disciplina y al autocontrol, por medio del uso de influencias externas cuando es pequeño. Al obligarle a comportarse con responsabilidad, obtiene una experiencia valiosa en el control de sus propios impulsos y recursos. Entonces, a medida que se acerca a la adolescencia, la responsabilidad es transferida, de año en año, de los hombros de los padres directamente a los del hijo. Ya no será necesario obligarle a hacer lo que ha aprendido durante los años anteriores. Como ilustración, diré que cuando un niño o niña es joven se le debe obligar a que mantenga su habitación relativamente limpia y ordenada. Después, a mediados de la adolescencia, su autodisciplina debería asumir la dirección, y proveer la motivación para continuar cumpliendo dicha tarea. Y si no lo hace, los padres debieran cerrar la puerta y dejarlo que viva en una pocilga.

Pregunta: **Nunca estoy completamente seguro de cómo debo reaccionar ante el comportamiento de mis hijos. ¿Podría darme algunos ejemplos específicos de mal comportamiento que debería ser castigado, como también de otras situaciones que podría pasar por alto o manejarlas en forma diferente?**

Respuesta: Lo haré con mucho gusto. Permítame mencionar varios ejemplos de situaciones en distintas edades, y le pido que usted decida cómo manejaría cada una de ellas, antes de leer mis sugerencias. Muchos de los ejemplos presentados me han sido dados por padres que se han hallado en dichas situaciones.

1. Me disgusto mucho porque mi hijo de dos años no puede sentarse y permanecer quieto en la iglesia. Sabe que no debe hacer ruido, pero a veces golpea el banco con sus juguetes, o habla en voz alta. ¿Debo darle unas nalgadas por este comportamiento?

Mi opinión: La madre que hizo esta pregunta durante una de mis conferencias demostró que no comprende bien la naturaleza de los niños pequeños. La mayoría de los niños que tienen dos años de edad podrían cruzar a nado el océano Atlántico antes que poder sentarse tranquilos en la iglesia. Se mueven cada minuto del día, mientras que están despiertos. No. Un niño así no debería ser castigado. Se le debería dejar en la guardería de la iglesia, donde puede sacudir hasta los cimientos sin perturbar el servicio de adoración.

2. Mi hijo, de cuatro años, entró a la casa y me dijo que había visto un león en el patio. No trataba de hacer un chiste, sino que realmente intentó convencerme de que esa mentira era cierta y se enojó bastante cuando no le creí. Yo quiero que sea una persona sincera. ¿Debería haberle dado unas nalgadas?

Mi opinión. Desde luego, mi respuesta es que no. Existe una línea muy sutil entre la fantasía y la realidad en la mente de un niño de edad preescolar, y a menudo confunde las dos. Así ocurrió una vez cuando llevé a mi hijo a Disneylandia, cuando tenía tres años de edad. Estaba completamente aterrorizado por el lobo que rondaba alrededor, junto con los tres cerditos. Ryan miró sus dientes afilados y gritó de terror. Conservo una película, que es para morirse de risa, en la que se ve a nuestro hijo subiéndose a los brazos de su madre en busca de protección. Después que regresamos a casa, le dije a Ryan que dentro del disfraz de lobo feroz había un hombre muy simpático que no le haría daño a nadie. Mi hijo se sintió tan calmado con la noticia que quería escucharla una y otra vez. Me decía:

«¿Papi?»

«¿Qué quieres, Ryan?»

«¡Dime de ese hombre simpático!»

¿Se da usted cuenta de que Ryan no pudo distinguir entre un personaje que era una fantasía y una amenaza genuina que estuviese poniendo en peligro su salud y seguridad? Creo que la historia del león, relatada en la pregunta anterior, fue producto de la misma clase de confusión. El niño puede haber creído perfectamente que había un león en el patio. La madre podría haber sido lo suficientemente sabia como para seguirle la corriente, mientras que le hacía ver que no creía la historia. Podría haberle dicho: «¡Dios mío! ¡Hay un león en el patio! Espero que sea un gatito amistoso. Ahora, Juanito, ve a lavarte las manos y ven a comer tu almuerzo.»

3. Mi hijo, de seis años, de repente se ha vuelto insolente e irrespetuoso en su manera de comportarse en el hogar. Me dijo: «Lárgate de aquí», cuando le pedí que sacara la basura, y me pone apodos cuando se enoja. Pienso que es importante permitirle este desahogo emocional, así que no le he puesto fin. ¿Está usted de acuerdo?

Mi opinión: Estoy totalmente en desacuerdo. Su hijo sabe muy bien que está en actitud desafiante y está esperando para ver hasta dónde usted le permitirá llegar. Esta clase de conducta, si no es corregida, continuará agravándose día tras día, produciendo una mayor falta de respeto con cada encuentro. Si no le pone freno, tendrá que enfrentarse a amargas experiencias durante la adolescencia de su hijo. Así que la conducta para la cual el castigo es más necesario es aquella que tiene que ver con un ataque directo a la autoridad y la personalidad de los padres (o de los maestros), especialmente cuando el niño sabe con toda certeza que no debería actuar en esa forma.

En cuanto al desahogo de la ira, es posible permitir que un niño exprese sus sentimientos más fuertes sin caer en el insulto o en la falta de respeto. Una acusación como: «Fuiste injusto conmigo y me avergonzaste delante de mis amigos», dicha con los ojos llenos de lágrimas, debiera ser aceptada y respondida con tranquilidad y sinceridad. Pero un padre o una madre nunca debe permitir que un hijo le diga: «¡Eres un estúpido y quisiera que me dejaras solo!» La primera declaración es una expresión genuina de frustración basada en un problema específico; la segunda es un ataque a la dignidad y autoridad del padre o la madre. En mi opinión, la última es perjudicial para ambos, padres e hijos, y no se debe permitir.

4. Mi hijo de diez años pone su vaso de leche muy cerca del codo cuando está comiendo, y lo ha derramado sobre la mesa por lo menos seis veces. Continuamente le digo que cambie el vaso de lugar, pero no me presta atención. Cuando derramó la leche de nuevo ayer, le di una sacudida y también le di una nalgada con un cinto. Hoy no me siento muy bien acerca del incidente. ¿Tendría que haber sido más paciente con él?

Mi opinión: Es demasiado fácil decirle a una madre que no debería haberse disgustado tanto por algo que sucedió ayer. Después de todo, yo no fui el que tuvo que limpiar todo lo que él ensució. Sin embargo, su hijo no tuvo la intención de derramar la leche, y recibió el castigo por su irresponsabilidad. Hubiera sido mejor crear un método para hacerle prestar atención y ayudarle a recordar poner su vaso en un lugar seguro. Por ejemplo, usted podría haber marcado con papel rojo una «zona de peligro» al lado de su plato. Si él llegara a poner el vaso sobre el papel tendría que ayudar a lavar los platos después de la comida. Le aseguro que muy rara vez se «olvidaría» nuevamente. En realidad, este procedimiento serviría para que estuviera atento aun después de haber quitado el papel.

5. Juan está en segundo grado y se pone a jugar en la escuela. El mes pasado su maestra nos envió una nota contándonos de su mala conducta, y no nos la entregó, según él porque se le había extraviado. La semana siguiente descubrimos que nos mintió y que la había destruido. ¿Qué hubiera hecho usted?

Mi opinión: Este fue un acto deliberado de abierta desobediencia. Después de haber investigado los hechos, probablemente le habría dado a Juan unas buenas nalgadas por portarse mal en la escuela y por haberle mentido a sus padres. Después habría hablado con su maestra acerca del porqué estaba molestando en la escuela y también consideraría por qué tuvo miedo de traer la nota a casa.

6. Mi hijita de tres años, Anita, se porta mal conmigo en el supermercado. Sale corriendo cuando la llamo, y me exige que le compre bombones, chicles y caramelos. Cuando me niego a hacerlo, arma el berrinche más grande que usted se pueda imaginar. No quiero castigarla delante de tanta gente, y ella lo sabe. ¿Qué debo hacer?

Mi opinión: Si existen lugares donde los reglamentos y las restricciones normales no se aplican, entonces los hijos se portarán en esas zonas protegidas de una manera diferente de como se portarían en otros lugares. Le sugeriría que hable con Anita cuando vaya de nuevo a realizar compras. Dígale exactamente lo que usted espera, y aclárele que lo dice muy en serio. Y entonces, cuando vuelva a ocurrir lo mismo, llévela al auto o detrás del edificio y haga lo que usted hubiera hecho en casa. Ella va a aprender la lección.

7. Nuestro hijo de dos años aún no sabe ir al baño solo, aunque mi suegra cree que ya debería saberlo. ¿Debo darle nalgadas porque hace sus necesidades en los pantalones?

Mi opinión: No. Dígale a su suegra que tenga paciencia. Es muy posible que su hijo no pueda controlarse a esta edad. Lo que menos debe hacer es darle nalgadas a un niño de dos años por una falta que él no puede comprender. Si tuviera que equivocarme en este asunto, preferiría tardarme demasiado en exigirle al niño que aprenda a ir al baño, que empezar demasiado pronto. Además, el mejor método de enseñarle a un niño a ir al baño solo, es con premios en lugar de castigos. Dele un dulce (sin azúcar) cada vez que sea capaz de hacer sus necesidades en el baño. Considérelo responsable cuando haya comprobado que él ya puede controlarse y se ensucie en el pantalón.

Resumen

En resumen, es imposible disciplinar correctamente hasta que los padres no sean capaces de saber cuáles son las intenciones de sus hijos. El castigo corporal sólo debe ser administrado en respuesta a la desobediencia o rebeldía intencional.

Pero, ¿cómo puede uno estar seguro? Esta pregunta me ha sido formulada cientos de veces. Una madre dirá: «Pienso que Pedrito ha sido irrespetuoso conmigo cuando le dije que se bañara, pero no estoy segura de qué es lo que él estaba pensando.»

Existe una solución sencilla para este dilema que tienen los padres. Use la primera ocasión con el propósito de aclarar la próxima. Dígale a su hijo: «Miguel, tu respuesta me parece insolente. No estoy seguro de cuáles son tus intenciones. Pero para que nos entendamos el uno al otro, no vuelvas a hablarme así.» Si ocurre otra vez, entonces usted sabrá que su mal comportamiento es intencional.

La mayoría de la confusión sobre cómo se debe disciplinar a los hijos es resultado de que los padres no definen adecuadamente los límites. Si usted no tiene una idea clara de lo que es aceptable y lo que no lo es, su hijo terminará doblemente confundido. Por lo tanto, no lo castigue hasta que haya fijado tan claramente los límites que no haya motivo para que él se equivoque. La mayoría de los niños aceptarán esos límites, y cometerán sólo algunas imprudencias ocasionales.

3

Protegiendo el espíritu

Existen peligros implícitos en todo lo que he dicho sobre la disciplina que se le debe aplicar a un niño de voluntad firme. El lector podría suponer que yo visualizo a los niños como villanos, y a los padres como los indiscutibles líderes buenos. Lo que más me preocupa es que alguien vaya a creer que yo recomiendo que a los niños se les discipline de manera rígida, dura y opresiva en el hogar. Ninguna de estas suposiciones es, ni siquiera parcialmente, exacta.

Por contraste veo a los niños pequeños, aun a los que desafían a la autoridad, como pequeñas criaturas vulnerables que necesitan grandes dosis de amor y ternura cada día de la vida. Una de mis grandes frustraciones al enseñar a los padres ha sido la dificultad para transmitirles la imagen de un ambiente equilibrado, donde la disciplina se evidencie cuando sea necesario, pero vaya acompañada de paciencia, respeto y cariño. Debo decir que nunca he favorecido la idea de

71

al niño en la boca como muestra de autoritarismo. Esa manera hostil de disciplinar no sólo lesiona el espíritu, sino los dientes también.

Ningún tema me preocupa más que el fenómeno del abuso infantil que es tan frecuente en nuestros días. Existen niños que están sufriendo lo indescriptible en manos de sus padres. Algunos de estos pequeños, dignos de compasión, son llevados a los hospitales en toda clase de condiciones que uno pueda imaginarse: con quemaduras, magulladuras, huesos rotos y sus mentes infantiles deformadas permanentemente por las circunstancias terribles en que han estado viviendo.

Todos los profesionales que trabajan con niños maltratados tienen que aprender a enfrentarse a sus propios sentimientos o emociones. Aunque yo he logrado tener cierto control sobre los míos, nunca he podido observar a un niño que ha sido cruelmente golpeado sin sentir una angustia tremenda en mi corazón. Los niños enfermos sufren por supuesto, pero muchos de ellos disfrutan en algún grado del amor de sus padres que les brinda un apoyo emocional. Pero los niños que han sido golpeados brutalmente sufren física y emocionalmente. Nadie se preocupa por ellos; nadie les comprende. No hay nadie a quien le puedan expresar sus deseos. No pueden escaparse. No pueden entender por qué se les odia. Y muchos de ellos todavía son demasiado pequeños como para desarrollar mecanismos de defensa o incluso para pedir ayuda.

Hace algún tiempo, traté a una niña de ocho años de edad que había sido violada repetidamente por su padre alcohólico desde que tenía quince meses de edad. ¡Qué tremenda tragedia! Otro niño, en la ciudad de Los Ángeles, se quedó ciego porque su madre le destrozó los ojos con una cuchilla de afeitar. ¿Puede imaginarse lo que es vivir toda una vida sabiendo que el defecto físico que usted padece es resultado de una acción intencional de su propia madre? A otro niño lo lanzaron de un auto en una autopista congestionada, donde estuvo por ocho o nueve horas agarrado de la cerca divisoria.

A otro le quemaron los pies con una plancha caliente como castigo.

Hace menos de cinco minutos que escuché en la radio la noticia de que encontraron a una niña de diez años colgada de los pies en el garaje de la casa de sus padres. Esta clase de horribles historias son muy comunes para todos los que trabajamos con niños. De hecho, es muy probable que a menos de uno o dos kilómetros de la casa de usted algún niño esté siendo duramente maltratado de una forma u otra. Brian G. Fraser, abogado del Centro Nacional para la Prevención y el Tratamiento del Maltrato y Abandono de los Niños, escribió:

> El maltrato de los niños ... que antes se creía que era principalmente un problema de las clases pobres y oprimidas ... ocurre en todos los segmentos de la sociedad y puede ser la causa principal de muertes durante la infancia.

Lo que menos quiero hacer es proveer una racionalización o justificación para semejante opresión de parte de los padres. Permítame decirlo nuevamente: No creo en la disciplina dura e inflexible, ni siquiera cuando es bien intencionada. A los niños se les debe permitir que tengan libertad para respirar, crecer y amar. Pero también existen circunstancias peligrosas en el otro extremo del camino, el de la tolerancia excesiva; y muchos padres caen en una de estas trampas en su intento ferviente de evitar caer en la otra. Estos dos peligros fueron descritos muy apropiadamente por Marguerite y Willian Beecher en su libro «Parents on the Run» («Padres apresurados»):

> El hogar de ayer, centrado en los adultos, convirtió a los padres en los amos y a los niños en los esclavos. El hogar de hoy, centrado en los niños, ha hecho de los padres los esclavos, y de los hijos los amos. No existe verdadera cooperación en una relación entre amos y esclavos y, por supuesto, tampoco hay demo-

cracia. Ni la técnica restrictiva y autoritaria de criar a los hijos, ni la nueva técnica de "permitirles hacer lo que quieran" pueden desarrollar las habilidades que posee el individuo, porque ninguna de las dos le prepara para confiar en sí mismo...

Los niños criados bajo reglas arbitrarias se convierten en autómatas faltos de voluntad, o en revolucionarios que desperdician sus vidas en conflictos con quienes les rodean. Pero aquellos que no conocen ninguna ley superior a sus propios caprichos se quedan atrapados en sus propios apetitos. En ambos casos, son esclavos. Los primeros son esclavizados por líderes de los cuales dependen, que les dicen todo lo que deben hacer; y los otros son esclavizados por el prestamista. Ninguno de los dos es capaz de mantener la sociedad sobre una base aceptable. Se puede evitar toda una vida de completa infelicidad si cuando el árbol está creciendo se impide que se incline en cualquiera de estas dos direcciones equivocadas.

Pero, ¿cómo se puede realizar esto en relación con la conducta de nuestros niños? ¿Cómo pueden los padres mantener un curso de dirección entre las desagradables alternativas de la permisividad y la opresión? ¿Qué filosofía puede guiar nuestros esfuerzos?

Nuestro objetivo no es sólo moldear la voluntad del niño como lo hemos descrito en los capítulos anteriores, *sino hacerlo sin quebrantar su espíritu.* Para lograr este propósito debemos entender la diferencia esencial que existe entre la voluntad y el espíritu. Como ya dijimos, la voluntad del niño es una fuerza poderosa en la personalidad humana. Es uno de los pocos componentes de nuestras facultades intelectuales que llegan con plena fuerza en el momento de nacer. En un número reciente de «Psychology Today» («Sicología hoy»), salió este titular que describe los resultados de una investigación sobre la infancia:

El bebé sabe quién es, antes que pueda hablar para decírnoslo. Trata en forma deliberada de controlar su ambiente, especialmente a sus padres.

Este descubrimiento científico no es una nueva revelación para los padres de un niño de voluntad firme. Ellos se han pasado horas escuchando los deseos y exigencias, bastante claros, de este pequeño dictador.

Más adelante un niño pequeño, que es desafiante, puede enojarse tanto que es capaz de aguantar la respiración hasta perder el conocimiento. Cualquier persona que alguna vez ha sido testigo de esta clase de desafío voluntario en su plenitud, se ha quedado asombrada de su poder. Recientemente, un niño obstinado de tres años se negó a obedecer una orden de su mamá, diciéndole: «¡Tú no eres nada más que mi mamá!, ¿sabes!» Otra mamá me escribió contándome que había tenido una confrontación con su hijo de tres años, por algo que ella quería que él comiera. Pero el niño se enfureció de tal manera, por su insistencia, que se negó a comer y a beber cualquier otra cosa durante dos días completos. Y a pesar de que se debilitó y estaba soñoliento, se mantuvo en su posición resueltamente. La mamá, como era de esperar, estaba preocupada y se sentía culpable. Finalmente, en medio de la desesperación, el padre lo confrontó convenciéndolo de que si no se comía la comida iba a recibir unas nalgadas que jamás olvidaría. Con esa maniobra, se terminó la contienda. El niño se rindió. Comenzó a comer todo lo que tenía a su alcance, y casi dejó vacío el refrigerador.

Ahora bien, ¿por qué hay tan pocos expertos en el desarrollo infantil que reconocen este desafío voluntario? ¿Por qué se escribe tan poco sobre dicho tema? Creo que esto se debe a que el reconocer la imperfección infantil no estaría de acuerdo con el concepto humanista de que los niños son buenos y simplemente «aprenden» a hacer lo malo. A los que sostienen este punto de vista de color de rosa, sólo puedo decirles: «¡Vuelvan a mirar!»

La voluntad no es frágil e inestable. Aun en un niño cuyo espíritu ha sido lastimado, existe a menudo una voluntad de acero, lo que hace de él una amenaza para sí mismo y también para los demás. Una persona así puede sentarse en la baranda de un puente y amenazar con tirarse al río mientras que la marina, el ejército y los bomberos tratan de salvarle la vida. Mi énfasis es que la voluntad es moldeable. Puede y debe ser modelada y pulida, no haciendo de un niño un robot para nuestros propósitos egoístas, sino dándole la capacidad de controlar sus propios impulsos y ejercer la autodisciplina en su vida como adulto. Realmente, Dios nos ha dado la responsabilidad, como padres, de moldear la voluntad de nuestros hijos, como lo he descrito en el capítulo anterior.

Por otra parte, y permítame que enfatice este párrafo en la forma más fuerte posible, *el espíritu del niño es un millón de veces más vulnerable que su voluntad. Es una flor delicada que puede ser lastimada y quebrantada de una manera muy fácil, y aun sin quererlo. El espíritu, como lo he definido, se refiere a la autoestima y dignidad personal que siente un niño. Es la característica más frágil de la naturaleza humana y es particularmente vulnerable al rechazo, al ridículo y al fracaso.*

¿Cómo podemos, entonces, moldear la voluntad y preservar intacto el espíritu? Estableciendo límites razonables y sosteniéndolos con amor, pero evitando cualquier sugerencia de que el niño es alguien no deseado, innecesario, tonto, feo, o que es una carga, un estorbo o un desastroso error de la naturaleza.

Cualquier acusación que lesione la dignidad del niño puede resultar costosísima. Tal como: «¡Eres un estúpido!», o «¿Por qué no puedes lograr buenas notas en la escuela como lo hace tu hermana?», o «¡Nos has hecho sufrir desde el día en que naciste!»

La siguiente carta me fue enviada por una madre de tres niños e ilustra la exacta oposición a los principios que estoy describiendo. Pienso que será útil examinar las frustraciones de esta mujer y las causas probables de su incapacidad para controlar a su hijito rebelde, llamado Antonio. Los detalles han sido cambiados un poco para ocultar la identidad de la autora:

«Apreciado doctor Dobson:

Lo que más deseo en este mundo es tener una familia feliz. Tenemos dos hijas de tres y cinco años y un varón de diez que no pueden llevarse bien entre sí. Y nuestro hijo y el papá tampoco logran entenderse. A veces termino gritándoles y defendiendo a mis hijas de los golpes y patadas de su hermano.

Su maestra del pasado curso escolar pensaba que nuestro hijo necesitaba aprender mejores maneras para llevarse bien con sus compañeros de clase. Tenía problemas cuando jugaba y armaba terribles escándalos en el autobús escolar. Parecía que era incapaz de caminar de la parada del autobús hasta nuestra casa sin pelearse con alguien o tirarle piedras a cualquiera. Así que me acostumbré a ir a buscarlo y a traerlo yo misma.

Es muy inteligente, pero apenas sabe escribir y odia hacerlo. Es impulsivo y malhumorado (ahora todos somos así). Es alto y muy fuerte. Nuestro pediatra nos dijo que "todo anda bien con él". Pero Antonio muy rara vez encuentra algo constructivo que hacer. Le gusta ver la televisión, jugar con agua y escarbar en la tierra.

Estamos muy disgustados por causa de su régimen alimenticio, pero no hemos podido hacer nada. Toma leche y come gelatina con sabor a frutas, galletas y tostadas. Antes comía muchos perros calientes y salchichas ahumadas. Además, le gusta el chocolate y los chicles. Vivimos cerca de la abuela, que le provee de estas cosas. Además, le da comida para bebés. Tampoco hemos podido hacer nada acerca de esto.

Los maestros de Antonio, los niños del vecindario y sus propias hermanas se quejan de su vocabulario y de la costumbre que tiene de poner apodos. Esta es una situación lamentable porque nos hemos acostumbrado a pensar siempre mal de él. Pero difícilmente pasa un día sin que rompa o dañe algo. Le gustaba quebrar los vidrios de las ventanas desde que era pequeño. Un día, en el mes de junio, llegó temprano a casa, la encontró cerrada y rompió con una piedra el vidrio de la ventana de su habitación y se metió por allí. Otro día, recientemente, trató de romper el espejo de nuestro dormitorio. Se pasa gran parte del día en casa de la abuela que le da todos los gustos. Creemos que ella es una mala influencia, pero también lo somos nosotros, porque constantemente estamos enojados y dando gritos.

De cualquier manera, parece que estamos en un callejón sin salida. Nuestro hijo se desarrolla físicamente, es grande y fuerte, pero no crece mentalmente. Dadas estas circunstancias, ¿qué debemos hacer, o adónde podemos ir en busca de ayuda?

Mi esposo se niega a llevar a Antonio a cualquier lugar hasta que "no madure y actúe como un ser humano civilizado". Lo tiene amenazado con internarlo en un reformatorio. Necesita personas que sepan qué hacer con él. Por favor, ayúdenos si puede.

Atentamente,
N.N.

P.D.: Nuestros hijos son adoptados y nuestro matrimonio anda bastante mal.

Esta es una petición de ayuda realmente triste, porque sin duda la autora de esta carta es muy sincera cuando dice: «Lo que más deseo en este mundo es tener una familia feliz.» Sin embargo, por el tono de su carta, es indiscutible que ella *nunca* llegará a realizar su deseo más grande. En realidad, la necesidad de una coexistencia pacífica y armoniosa puede haber conducido a muchos de los problemas que está teniendo con Antonio. La madre está cometiendo dos serios errores con su hijo, que son los más comunes en este asunto de la disciplina.

En primer lugar, los padres de Antonio no han tomado medidas para moldear su voluntad, aunque él está clamando por su intervención. Es algo terrible que a los diez años un niño tenga que ser su propio amo y que no encuentre ni siquiera a un adulto que sea lo suficientemente fuerte como para ganarse su respeto. ¿Qué otra razón podría haber para que este niño quiera quebrantar todos los reglamentos y ataque a todas las figuras que representen autoridad? Antonio le declaró la guerra a la maestra de la escuela, pero ella se desconcertó ante su desafío. Todo lo que atinó a hacer fue llamar a la temblorosa madre y decirle: «Antonio necesita aprender mejores maneras para llevarse bien con sus compañeros de clase.» (¿No suena esta frase demasiado benévola? Podemos asegurar que había algunas cosas mucho más fuertes que ella podía haber agregado acerca de su comportamiento en la clase.)

Antonio ha sido un muchacho insoportable en el autobús escolar; se ha peleado con sus compañeros; ha roto vidrios, ha rayado espejos, ha usado el lenguaje más obsceno y ha atormentado a sus hermanitas. Escogió la peor dieta posible y se negó a cumplir con sus tareas escolares y a aceptar cualquier responsabilidad. ¿Existe alguna duda de que Antonio ha estado gritando: «¡Mírenme! ¡Lo estoy haciendo todo mal! ¿No hay alguien que me ame lo suficiente como para que se interese en mí? ¿No hay nadie que pueda ayudarme? ¡Odio al mundo y el mundo me odia a mí!»

Pero la única respuesta de esta madre al desafío de su hijo ha sido sumergirse en una frustración y angustia completas. Ella se ve a sí misma «gritándoles a los niños» y «defendiendo a mis hijas de los golpes», cuando él se porta mal. Antonio es impulsivo y malhumorado, pero ella admite: «Ahora todos somos así.» Tanto ella como su esposo admiten que la abuela es una mala influencia, «pero también lo somos nosotros, porque constantemente estamos enojados y dando gritos». Su única herramienta para controlarlo son los gritos y la ira acompañada de lágrimas. Y no existe nada más ineficaz para manejar a un niño que esta demostración volcánica de emociones, como lo veremos en el próximo capítulo.

Está claro que esta señora y su esposo han renunciado a su responsabilidad de proveer dirección a su familia. Note, cuántas veces ella dice, en esencia: «Somos incapaces de actuar.» Se encuentran preocupados por el pésimo régimen alimenticio que sigue el muchacho, «pero no hemos podido hacer nada». La abuela lo alimenta mal y lo atiborra de chicles, pero «tampoco hemos podido hacer nada acerca de ello». Igualmente, no han podido impedir que él golpee o atormente a sus hermanas, y que siga quebrando vidrios o tirándoles piedras a sus compañeros. Los que estamos observando debemos de estar preguntándonos: «¿Por qué no han podido hacer nada?» ¿Por qué es tan difícil de gobernar el barco de la familia? ¿Por qué es posible que el barco termine encallándose y destrozándose en las rocas o que se vare en una playa cualquiera? ¡El problema es que no tiene capitán! Es un barco a la deriva con un líder ausente. No hay quien tome las decisiones. No existe autoridad que lo conduzca a aguas seguras.

Ahora notemos el segundo error. En vez de ocuparse en moldear la áspera voluntad de Antonio como desesperadamente lo necesita, *sus padres han dirigido sus esfuerzos disciplinarios a su deteriorado espíritu*. No sólo han insultado y gritado y caído en la desesperación, sino que también sus frustraciones han motivado ataques personales, hostilidad y rechazo. Me parece oír a su enojado padre decirle: «¿Por qué no creces y te comportas como un ser humano civilizado en vez de actuar como un muchacho insoportable? No te voy a llevar otra vez a ningún lado, ni voy a permitir que nadie se entere de que eres mi hijo. La verdad es que no estoy seguro de que vas a seguir siendo mi hijo por mucho tiempo más. Si continúas comportándote como un maleante, te echaremos fuera de la familia, vamos a mandarte a un hogar de padres de crianza. ¡Entonces veremos si te gusta!» Y con cada acusación la autoestima de Antonio declina más y más. Pero ¿lograrán esos ataques personales convertirlo en una persona más suave y cooperadora? ¡Por supuesto que no! Se tornará en alguien más vil y más amargado, y más convencido de su propia indignidad. Podemos ver que el espíritu de Antonio ha sido destrozado, pero su voluntad continúa manifestándose con la fuerza incontrolable de un huracán. Y lamentablemente, es la clase de individuo que, conforme va creciendo, a menudo vuelca el odio que tiene de sí mismo sobre víctimas inocentes fuera del círculo familiar.

Si las circunstancias lo permitieran, me gustaría tener a Antonio en nuestro hogar por una temporada. Todavía no es demasiado tarde para salvarlo y la oportunidad de intentarlo sería todo un desafío para mí. ¿Cómo trataría yo a este niño rebelde? Comunicándole el siguiente mensaje, tan pronto como sacará las cosas de su maleta: «Antonio, hay algunas cosas de las que quiero hablar contigo ahora que eres miembro de nuestra familia. En primer lugar, pronto te enterarás de cuánto te amamos en esta casa. Estoy muy contento de que estés aquí, y espero que éstos sean los días más felices de tu vida. Tienes que saber que me preocuparé de tus sentimientos, problemas e intereses. Te hemos invitado a venir porque deseábamos que estuvieras en nuestro hogar, y recibirás el mismo amor y respeto que reciben nuestros hijos. Si tienes algo que decirme, puedes hacerlo con toda libertad. No me enojaré ni te haré lamentar el haber expresado lo que pensabas. Ni mi esposa ni yo haremos intencionalmente algo que pueda herirte. Tampoco te trataremos descortésmente. Te darás cuenta de que éstas no son simples promesas. Es la forma como la gente actúa cuando se aman unos a otros, y nosotros ya te amamos.

«Pero, Antonio, existen otras cosas que debes entender. Existen en esta casa reglamentos definidos y formas de comportamiento aceptables y tendrás que vivir dentro de esos límites, tal como lo hacen nuestros hijos. Tendrás que compartir trabajos y responsabilidades, y, como algo prioritario, deberás hacer tus deberes de la escuela todas las tardes. Y tienes que entender Antonio, que mi trabajo más importante como tutor es tratar de que te comportes en formas que sean saludables tanto para ti mismo como para los demás. Quizá te llevará una o dos semanas adaptarte a la nueva situación, pero lo harás, y yo te ayudaré. Si te niegas a obedecerme, te castigaré inmediatamente. Esto te ayudará a cambiar algunas de las formas de comportamiento destructivas y nocivas que has aprendido. Pero, aunque tenga que disciplinarte, seguiré amándote tanto como te amo ahora.»

La primera vez que Antonio desobedeciera mis instrucciones precisas, yo reaccionaría en forma decisiva. No habría gritos ni acusaciones que deteriorasen su autoestima, pero él sabría muy pronto que yo le había hablado en serio. Probablemente recibiría una buenas nalgadas y tendría que acostarse a dormir una o dos horas más temprano. A la mañana siguiente podríamos discutir el asunto en forma razonada. Le ratificaría nuestro continuo amor, y entonces volveríamos a empezar. La mayoría de los niños desobedientes responden maravillosamente a una buena dosis de amor, acompañada de una disciplina consecuente. Esta es una combinación que no falla.

Para repetirlo, nuestro propósito es moldear la voluntad del niño sin quebrantar su espíritu. Este doble objetivo está señalado a lo largo de las Escrituras, pero específicamente está reafirmado en dos versículos muy importantes:

Moldear la voluntad:

[El padre] ... que gobierne bien su casa, que tenga a sus hijos en sujeción con toda honestidad.

1 Timoteo 3:4

Proteger el espíritu:

Y vosotros, padres, no provoquéis a ira a vuestros hijos, sino criadlos en disciplina y amonestación del Señor.

Efesios 6:4

Preguntas y respuestas

Pregunta: **Probablemente recordará aquel libro tan popular hace unos años titulado: «Jonathan Livingstone Seagull» («Juan Salvador Gaviota»). Se trataba de una gaviota que se negaba a cooperar con la bandada y a seguir los dictados de su «sociedad». El significado real del libro, por supuesto, se refiere a las virtudes de la individualidad y la independencia en la familia humana. ¿Podría darnos un comentario más profundo sobre ese libro?**

Respuesta: El libro expresa una filosofía dañina que se hizo muy popular hace unos ocho años, que puede ser resumida en la siguiente frase: «Haz lo que tú quieras.» Significa, en pocas palabras, que debo proteger mis propios intereses y voluntad para hacer lo que me venga en gana, sin tomar en cuenta las necesidades de los otros o los valores morales de mi sociedad. Otros lemas han sido usados para expresar la misma orientación egoísta, como: «Sea el número uno», o: «Si te gusta, hazlo.» Este enfoque hedonístico ha inspirado otros libros y canciones, incluyendo una balada romántica de Sammy Davis, Jr., titulada «I've Gotta Be me» («Tengo que ser yo mismo»). ¿Qué otra persona podría ser él, si se puede saber? También esta filosofía es responsable de una grabación increíblemente descarada, de Frank Sinatra, titulada «I Did It My Way» («Lo hice a mi manera»).

Estoy convencido de que estos mensajes contradicen abiertamente la esencia del cristianismo que enfatiza el hecho de dar, compartir, cuidar los unos de los otros en amor, poner la otra mejilla, caminar la segunda milla y someterse a los mandamientos de Dios. Además, el egoísmo excesivo tiene suficiente poder como para borrar una familia o una sociedad de la faz de la tierra. Me pregunto cuántos padres y madres de esa era levantaron vuelo como Juan Salvador Gaviota en búsqueda de su individualidad sin importarles las consecuencias. Esperándolos en el hogar quedaron niños vulnerables que llevarán las cicatrices del rechazo del padre o la madre hasta el día de su muerte. Ha sido mi triste responsabilidad atender a algunas de esas pequeñas víctimas, cuyos padres están orgullosamente «haciendo lo que quieren».

Philip Yancey escribió la siguiente afirmación acerca de la conducta de las gaviotas en relación con el comportamiento de los seres humanos:

Es fácil entender por qué a las personas les gustan las gaviotas. Estaba sentado en un acantilado y vi una. Se regocijaba con la libertad. Daba poderosos aletazos, ascendiendo y ascendiendo hasta llegar más alto que todas las demás. Entonces sobrevolaba la costa en círculos majestuosos. Se lucía constantemente, como si supiera que una cámara cinematográfica estaba captando sus movimientos.

En una bandada, sin embargo, la gaviota es un ave diferente. Su majestad y dignidad desaparecen en una lucha cruel, sórdida y degradante. Observe cómo la misma gaviota desciende en picado sobre el grupo, provocando un estado de agitación con montones de plumas volando por el aire y graznidos de ira, para robarse un pedazo de comida. El concepto de compartir entre ellas, y las buenas maneras, no existen entre las gaviotas. Son tan fieras, competitivas y celosas que si se le pone a una de ellas una cinta roja en la pata para distinguirla de las demás, se le condena a una segura ejecución. Las compañeras de la bandada la atacarán con los picos y las garras golpeándola a través de las plumas hasta desangrarla. Continuarán haciéndolo hasta dejarla reducida a una masa sanguinolenta.»

Si quisiéramos elegir un ave para servir de modelo a nuestra sociedad, la gaviota no es el mejor ejemplo. Yancey sugiere, en cambio, que debemos observar la conducta de los gansos. ¿Se ha preguntado usted por qué vuelan en formación de V? La ciencia recientemente ha descubierto que así la bandada se desplaza 71% más rápido y les resulta mucho más fácil mantener el rumbo. El ganso que ocupa el vértice de la formación en V, tiene la responsabilidad más difícil, debido a que se enfrenta una mayor resistencia del viento. Por lo tanto, esta posición de liderazgo es rotativa y se cambia cada pocos minutos, lo que permite que la bandada vuele largas distancias sin detenerse a descansar. En una formación así, el lugar más fácil para volar son las últimas ubicaciones, y hay algo que es sorprendente, los gansos más jóvenes ceden esas posiciones a los débiles, los ancianos y los pequeños. Y se cree que los constantes graznidos que se escuchan en la bandada son las expresiones con las cuales los gansos más fuertes animan a los rezagados. Además, si un ganso se siente demasiado cansado o enfermo, y tiene que separarse de la bandada, no se le abandona. Un ganso saludable se quedará con él y lo esperará hasta que esté en condiciones de retomar el vuelo. Este espíritu de cooperación dentro del orden social contribuye grandemente a la supervivencia y bienestar de la bandada.

Yancey concluye:

La gaviota me enseña a soltar amarras y volar. Pero los gansos van juntos. Ellos me enseñan a "volar en familia". Con el apoyo de amigos y cristianos que se preocupan por mí, puedo aventajar las proezas aeronáuticas de las gaviotas. Puedo volar más lejos en familia que solo. Y como vuelo en la bandada, mis esfuerzos también ayudan a otros de la familia.»

Pues bien, hay ocasiones en las que me parece que nuestra sociedad consta de millones de gaviotas solitarias cada una luchando y empujando para lograr su propósito individual, pero pagando un precio demasiado alto en soledad y angustia por tal individualismo.

Pregunta: **¿Por qué parece que los niños aman a aquellos maestros que los disciplinan más fuertemente?**

Respuesta: Bueno, tal afirmación tiene parte de verdad. No se aplica a un viejo gruñón que mantiene el orden en forma despótica... Pero usted tiene razón al sugerir que los niños se sienten especialmente atraídos por un maestro que ejerce control sobre la clase sin perder una actitud de cariño y de bondad hacia ellos. Esta combinación es el arte más difícil que muchos maestros inteligentes han logrado desarrollar.

En respuesta a su pregunta, los niños aman la buena disciplina, principalmente porque se temen los unos a los otros y desean que el líder pueda proveer una atmósfera de seguridad para cada uno. Cualquier cosa puede ocurrir en ausencia de la dirección de un adulto.

Nota: Deliberadamente he puesto a un lado el tema de la disciplina en el aula de clases. Estoy planeando otro libro que trata el asunto dirigido especialmente a los maestros.

Pregunta: **¿Cree usted que los niños pueden llegar a ser crueles los unos con los otros sin intención?**

Respuesta: Estoy seguro de ello. En realidad, lo he vivido. Cuando tenía aproximadamente ocho años de edad asistía regularmente a la escuela dominical. Una mañana entró un visitante a nuestra clase y se sentó. Su nombre era Pablo, y todavía recuerdo su cara. Lo más importante es que todavía recuerdo sus orejas. Tenían forma de una letra C invertida, y sobresalían de manera notable. Me fascinaron porque me hicieron recordar los guardafangos de un jeep. (Estábamos en plena Segunda Guerra Mundial.) Sin pensar en los sentimientos de Pablo, les señalé a mis amigos aquella extraña característica de él, y ellos decidieron que «Guardafangos de Jeep» era un apodo muy cómico para un niño con esa clase de orejas. Aparentemente, también a Pablo le había parecido muy cómica la idea, pues se rió con todos los demás. Pero, de repente, se quedó serio. Se levantó de un salto, con la cara y las orejas enrojecidas, y salió llorando a gritos por el pasillo. Salió del edificio y jamás regresó a nuestra clase.

Recuerdo la conmoción que la reacción violenta e inesperada de Pablo produjo en mí. Yo no tenía la más mínima
idea de que lo estaba avergonzando con mi pequeña broma.
Yo era un muchacho sensible y frecuentemente defendía a los
débiles. Jamás hubiese querido herir a una visita intencionalmente, y eso es justamente lo que quiero enfatizar. Al pensar
en lo que sucedió esa vez, considero responsables de ese
acontecimiento a mis maestros y a mis padres. Ellos deberían
haberme dicho lo que se siente cuando se ríen de uno...
especialmente cuando se ríen por causa de alguna característica física que es diferente. Mi madre, que era muy sabia con
los niños, admitió que debería haberme enseñado a sentir
compasión por otros. Y en cuanto a los maestros de la escuela
dominical no recuerdo el contenido de sus lecciones, ¿pero
qué mejor enseñanza podrían haberme dado que el verdadero
significado del mandamiento «Amarás a tu prójimo como a
ti mismo»?

Pregunta: **Sé que la adopción es muy común hoy en día, y
que los niños deberían enterarse de la verdad al respecto.
Pero no me resulta fácil explicarle el asunto a mi pequeño
hijo. ¿Podría decirme cuál es la mejor manera de hacerlo?**

Respuesta: La mejor respuesta que he encontrado para su
pregunta ha sido descrita por el doctor Milton I. Levine en un
libro titulado «Your child from 2 to 5» («Su hijo de los dos a
los cinco años»). Cito el pasaje y después le doy mis opiniones.

Métodos de sentido común para criar hijos adoptivos
La adopción ha llegado a ser una práctica tan aceptada
en nuestros días que la pregunta "¿Debo decirle que es
adoptado?" ya no es tema de telenovelas. La mayoría
de los padres se han dado cuenta de que decirle la
verdad a un hijo adoptivo tan pronto como sea posible
provee el único fundamento sólido para la seguridad del
niño y la de ellos.

Sin embargo, el doctor Milton I. Levine, miembro del consejo de *2-to-5 World News* y profesor asociado de pediatría del Cornell Medical Center del Hospital de Nueva York, dice: "Aunque la adopción ya nos se considera un secreto vergonzoso, sino como debe ser, como un hecho lógico, todavía la situación requiere delicadeza, comprensión y decisiones basadas en el sentido común de los padres".

El doctor Levine dice que los padres deben hablarle al hijo acerca de su adopción desde el momento en que empiece a pedir que le cuenten historias. Esto evitará que el niño sufra serios trastornos que podrían acompañar la revelación si se hace años más tarde. Los padres podrían hablar del hecho como algo maravilloso que le ha ocurrido a la familia. La tendencia a aplazar una decisión algunas veces afecta hasta a los padres adoptivos mejor intencionados. Es posible que ellos digan: "Vamos a esperar hasta que sea lo suficientemente mayor para que pueda entender", demorando así la explicación hasta que el hecho básico se convierte en un secreto. Según opina el doctor Levine, incluso los niños de cinco o seis años ya son demasiado mayores para que entonces se les diga que son adoptados y no se les cause un daño emocional. Él insiste en que los padres:

1. Le hablen al niño de su adopción desde el momento que está listo para escuchar historias y cuentos.

2. Usen la palabra "adoptado" en las historias que le relaten, hasta que la palabra se convierta en un sinónimo de "escogido", "elegido" y "deseado".

3. No intenten ocultar la adopción, aun cuando mudarse a un nuevo vecindario pueda tentarlos a ocultarla.

«Algunos padres adoptivos nunca parecen superar una actitud de disculpas que se basa en el sentimiento de que sólo están sustituyendo a los "verdaderos" padres del niño», dice el doctor Levine. Pero para su propia salud mental y para la del niño, deben aceptar como un hecho que ellos son en realidad los padres del niño adoptado. El hombre y la mujer que crían a un niño desde la infancia, que le dan el amor y el cuidado que él precisa para crecer normalmente son sus padres *reales*. Y los desconocidos que lo trajeron al mundo son simplemente los padres biológicos. Nunca podremos enfatizar demasiado esta diferencia. Pero los padres adoptivos, aunque amen al niño, le imparten, aun inconscientemente, un injustificado sentido de pérdida —un sentimiento de que él tuvo padres, pero que ahora tiene sustitutos—, ponen en peligro la seguridad del niño en sus relaciones familiares y retrasan su comprensión del verdadero papel que desempeñan los padres.

Hasta los profesionales se encuentran divididos sobre el tema de qué decirles a los hijos adoptivos acerca de sus padres biológicos, admite el doctor Levine. Existen por lo menos tres posibles maneras de enfrentar esto, pero ninguna es la respuesta perfecta:

1. Decirle al niño que sus padres biológicos murieron.

2. Decirle claramente que sus padres biológicos eran incapaces de cuidarlo.

3. Decirle que no se sabe nada de sus padres biológicos, y que a él lo obtuvieron de una agencia dedicada a encontrar buenos hogares para los bebés.

Todas estas soluciones tienen beneficios y desventajas, enfatiza el doctor Levine, quien prefiere el primer método porque: «El niño al que se le dice que sus padres biológicos han muerto, se siente libre para amar a la madre y al padre con los que vive. No se sentirá atormentado con una obligación agobiante de buscar a sus padres biológicos cuando sea adulto.»

Puesto que la posibilidad de perder a los padres es uno de los temores más grandes de la infancia, es verdad que el niño al que se le ha dicho que sus padres biológicos están muertos, quizá piense que todos los padres —incluyendo a los que ahora tiene— son bastante pasajeros, reconoce el doctor Levine. «Sin embargo, pienso que a la larga el niño hallará más fácil adaptarse a la idea de la muerte que a la del abandono. Decirle a un jovencito que sus padres lo regalaron porque eran incapaces de hacerse cargo de él, es presentar el asunto como un completo rechazo. Él no puede comprender las circunstancias que podrían haberlos llevado a semejante acción. Puede crearse un punto de vista malsano sobre sí mismo, y verse como un objeto indeseado, por el cual no valía la pena luchar a fin de poder mantenerlo.»

La educación sexual es otro problema espinoso para los padres adoptivos. Cualquier explicación sencilla y natural de la reproducción, enfatiza que un niño es concebido en el contexto del amor del padre y de la madre, y por su deseo de tener un hijo. Esta explicación tranquiliza a otros niños. Pero, a causa de lo complejo de su situación, puede ser que el niño adoptado se sienta alejado de sus padres adoptivos, dudoso de sus propios orígenes y un poco disconforme con la naturaleza en general.

Solamente estoy en desacuerdo con el doctor Levine en cuanto a sus comentarios sobre los padres biológicos. No estoy dispuesto a mentirle a mi hijo en nada, y no le diría que sus padres naturales están muertos si esto no es cierto. Tarde o temprano sabría que se le mintió, lo cual le podría hacer dudar de todo el relato de la adopción.

En cambio, me inclinaría a decirle al niño que se sabe muy poco acerca de sus padres biológicos. Le podríamos dar algunas posibilidades inofensivas y no muy claras, como: «Sólo podemos imaginarnos las razones por las cuales ese hombre y esa mujer no pudieron hacerse cargo de un niño. Tal vez eran demasiado pobres y no estaban en condiciones de darte el cuidado que necesitabas; o tal vez la señora estaba enferma; o tal vez no tenía un hogar. No lo sabemos. Pero lo que sí sabemos es que estamos muy agradecidos de que hayas llegado a ser nuestro hijo, porque es uno de los regalos más grandes que Dios nos ha dado.»

Además, yo añadiría tres sugerencias a los comentarios del doctor Levine. En primer lugar, los padres cristianos deberían presentar la adopción como una gran bendición que trajo mucha felicidad al hogar. Tal sentimiento está implícito en la última frase del párrafo anterior. Dígale que oraban por un niño y que impacientemente esperaban la respuesta de Dios. Entonces describan cómo llegó la noticia de que Dios había contestado sus oraciones y cómo la familia entera le dio gracias al Señor por su regalo de amor. Explíquenle cómo se emocionaron cuando lo vieron por primera vez en la cuna, y lo lindo que se veía en la frazadita azul, etcétera. Dígale que el día de la adopción fue uno de los más felices de su vida y cómo ustedes llamaron por teléfono a todos sus amigos y familiares para compartir con ellos la gran noticia. (Por supuesto, supongo que todos esos detalles son verdaderos.) Cuéntenle al niño la historia de la adopción de Moisés por la hija de Faraón, y cómo Dios lo eligió para una gran obra con el pueblo de Israel. Busquen otros ejemplos similares que expresen el respeto y la dignidad para el adoptado. La interpretación que el niño haga de todo lo relacionado con su adopción depende casi totalmente de la manera en que le sea comunicado durante los primeros años de su vida. Por cierto que nadie debe tratar el tema con tristeza, y admitiendo renuentemente que tiene que confesar un secreto que le turba.

Segundo, celebren dos cumpleaños con el mismo entusiasmo cada año: el del día de su nacimiento y el del día en que se convirtió en su hijo. Mientras que los hijos biológicos de la pareja celebran un solo cumpleaños, la segunda celebración ayuda al hijo adoptivo a compensar cualquier diferencia que pudiera sentir en relación con sus hermanos y hermanas. Y usen la palabra «adoptado» con franqueza y frecuentemente, hasta que deje de ser desagradable.

Tercero, cuando se hayan echado los cimientos y se haya calmado la tensión relacionada con el asunto, entonces olvídenlo. No le recuerden constantemente al niño lo especial que él es, hasta el punto en que recordárselo llegue a ser ridículo. Mencionen el asunto cuando sea apropiado, pero no muestren ansiedad ni tensión al estar hablando continuamente de su adopción delante de él. Los niños perciben con una facilidad asombrosa estas actitudes ligeramente disfrazadas.

Creo que siguiendo estas sugerencias, que tienen sentido común, es posible criar un hijo adoptivo sin que se le cause un trauma sicológico o sea un insulto personal para él.

4

Los errores comunes

El doctor Benjamín Spock es un pediatra y escritor famoso, que ha sido severamente criticado en los últimos años por su actitud permisiva acerca de la crianza de los niños. Se le ha culpado del debilitamiento de la autoridad de los padres y de producir una generación entera de niños irrespetuosos e indisciplinados. Para el hombre de la calle el doctor Spock ha llegado a ser sinónimo y símbolo de permisividad y de excesiva indulgencia en las relaciones entre padres e hijos.

Sin hacer caso de su floja reputación, el doctor Spock publicó un artículo hace varios años en una revista llamada «Redbook» en el cual apoya claramente la idea de una disciplina firme. Veamos las siguientes citas de esta sorprendente publicación titulada: «How Not to Bring Up a Bratty Child» («Cómo no criar un niño insolente»):

La incapacidad para ser firmes es, en mi opinión, el problema más común de los padres en los Estados Unidos de hoy.

La madre dice: "La comida está lista; ven a la mesa." El hijo hace como que no escucha, y la madre, aparentando no darse cuenta de que el niño no obedece en una situación tal, esquiva el asunto y entra de nuevo a la casa.

El padre dice: "Hace frío hoy, ponte el abrigo." El niño de ocho años replica: "No quiero ponérmelo." Y el padre no dice nada. Quince minutos después se repite la misma conversación y se arriba a la misma conclusión. El niño dice: "Quiero otro caramelo." El padre le dice: "Sabes que sólo tienes derecho a uno." Y el niño contesta: "Pero quiero otro", y sencillamente lo toma, asegurándose de que el padre no se enoje. Y el padre deja pasar el asunto.

Ninguno de estos episodios son serios en sí mismos. Pero si continúan, con el paso de los meses y los años el niño tendrá una personalidad rebelde y molesta. El deterioro de los padres de este pequeño guerrero es doloroso y agotador.

La razón más común, pienso yo, por la cual los padres no pueden actuar firmemente es que tienen miedo de que, si insisten, los niños se ofendan o no les amen como antes. Podemos ver esto claramente en el caso extremo cuando un niño insolente obtiene lo que quiere con sólo gritarles a sus padres: "¡Te odio!" El padre queda desarmado y le da lo que pide.

Por supuesto, a muchos de nosotros nos disgustan los momentos desagradables y preferimos complacer a los demás, incluyendo a nuestros hijos. Pero no hay razón para ceder a ellos injustificadamente, puesto que somos conscientes de que esto sólo produce más exigencias y discusiones.

Y, en conclusión, el doctor Spock escribe:

La forma de lograr que un niño haga lo que debe hacer o deje de hacer lo que no debería estar haciendo es ser muy claros y definidos en toda ocasión. Parte de esta determinación consiste en mirarle hasta que obedezca. No recomiendo la despótica manera de un rudo sargento que le cae mal a cualquiera. Los modales pueden y deben ser amigables. Una manera de actuar firme y tranquila hace que el niño esté dispuesto a colaborar cortés, rápida y completamente.

Sé que esto es cierto. He visto que ha dado resultado no cientos, sino miles de veces. Padres firmes crían niños más felices.

Encuentro el contenido de este artículo alentador, pero confuso. ¿Podrían estas opiniones tradicionales haber sido escritas por el doctor Benjamín Spock, el gran adalid de la permisividad? ¿Podría el más famoso enemigo de la disciplina del mundo estar ahora recomendándoles a los padres firmeza y autoridad? Finalmente concluí que el viejo pediatra debe haber revalorizado sus opiniones y revisado algunas de sus anteriores recomendaciones y conclusiones.

Me impresionó el valor que el doctor Spock tuvo para escribir ese artículo. Tal vez la afirmación más difícil para un profesional sea reconocer en público «me equivoqué». Y podría ser aún más difícil para este pediatra admitir sus errores dada la gran cantidad de críticas que ha recibido en los últimos años. Sin embargo, él confesó en el artículo de «Redbook»: «No nos dimos cuenta hasta que fue demasiado tarde cómo nuestra actitud de "sabelotodos" estaba socavando la confianza de los padres en sí mismos.»

Aprecio su sinceridad y me sentí impulsado a enviarle una carta cordial manifestándole mi respeto. Le agradecí el valor que demostró y le felicité por sus opiniones, que tanto concordaban con las mías. Entonces le dije:

En realidad, ninguno de nosotros estableció estos principios que usted ha expresado tan elocuentemente este mes. Fueron inspirados por el Creador de los niños hace más de 2.000 años. ¿No resulta interesante que él siempre tiene la razón a fin de cuentas?

Junto con mi carta le envié un ejemplar de mi libro: «Atrévete a disciplinar». (Tuve agallas para hacer eso.) Algunas semanas más tarde recibí la siguiente respuesta de su oficina en Nueva York:

BENJAMIN SPOCK
Médico
Abril 13/74

Dr. James Dobson
Hospital Infantil de Los Ángeles
4650 Sunset Boulevard
P.O. Box 54700
Los Ángeles, California 90054

Estimado doctor Dobson:
  Gracias por su libro y su carta.
Realmente mi artículo publicado en febrero no contiene otra cosa que lo que he dicho una y otra vez a lo largo de 25 años. Han sido aquellos que nunca leyeron mi libro "Baby and Child Care" ("El cuidado de los bebés y los niños") ni mis artículos publicados en revistas, pero que estaban enojados por mi oposición a la guerra de Vietnam, los que me han tildado de "permisivista".
  Atentamente,
  Benjamín Spock.

Como yo había sido incapaz de armonizar las opiniones publicadas en «Redbook» con la reputación del doctor Spock, me hallé mucho más confundido con el contenido de su carta. Su artículo fue claramente autocrítico y de disculpa en su tono, pero él afirmaba no haber dicho nada nuevo o singular en estas afirmaciones. El enigma parecía indescifrable.

Más adelante, en el mismo año de 1974, tuve la oportunidad de conocer al doctor Spock personalmente. Fuimos invitados al programa de televisión «No sólo para mujeres» que dirige Barbara Walters, junto con otros dos autores que escriben material para padres, la doctora Helen Derosis y el doctor Lee Salk. Grabamos cinco programas en un día, que fueron transmitidos a través de toda la semana. (Después de filmar un programa, la entrevistadora y los invitados se retiran a los camerinos, en pocos minutos se cambian de trajes, corbatas o vestidos y vuelven al estudio. Así parece que han sido cinco visitas en días diferentes, cuando realmente los programas son grabados uno detrás del otro.)

Estuve sentado cerca del doctor Spock los cinco programas y también almorzamos juntos. Así que tuve seis horas para compartir con el médico, de cuyo primer libro para padres se vendieron 28 millones de ejemplares y ha sido traducido a varios idiomas. Hablamos acerca de sus opiniones sobre la crianza de los niños, y sobre su último artículo publicado en «Redbook». Su reputación como permisivista es ampliamente injustificada y en efecto es un asunto que el doctor Spock lamenta profundamente. El doctor Spock le echa la culpa al doctor Norman Vincent Peale por confundir al público acerca de sus opiniones; y cree que el motivo subyacente de este ministro religioso fue desacreditarlo por su posición pasiva ante la guerra de Vietnam. No puedo hablar por el doctor Peale, pero creo que las opiniones del doctor Spock han sido presentadas en forma tergiversada al público norteamericano. Encontré que era una persona amable, un hombre modesto que no buscó ejercer la clase de influencia sobre los padres que le atribuyeron a él. Me dijo que había accedido a escribir «Baby and Child Care» («El cuidado de los bebés y los niños») sólo porque el editor le dijo que podía hacerlo rápidamente y que «no tenía que ser un gran libro».

Es obvio que el doctor Spock y yo diferimos en muchas cosas y estamos en campos opuestos. Él es un político liberal y yo más bien tiendo a ser conservador. Él es un freudiano y yo no lo soy. Aparentemente, él no comparte mi perspectiva cristiana. Sin embargo, en cuanto al tema de la disciplina no me encuentro en desacuerdo con las opiniones que expresa ahora. Hacia el final del programa televisivo, la actriz Polly

Bergen preguntó a los miembros del panel, uno por uno, si creían en el castigo corporal. Todos, incluyendo al doctor Benjamín Spock, apoyamos el uso del castigo corporal cuando es apropiado. Y si uno examina sus primeros escritos puede encontrar recomendaciones para el control paterno, aunque tal vez no enfatizadas lo suficiente. Muy poco ha escrito que le merezca el título del «Gran permisivista», aunque recomienda ser permisivos en cuanto a los horarios de las comidas. (Yo estoy de acuerdo en que los bebés deberían comer cuando tengan hambre sin tener en cuenta el reloj o cualquier otro plan arbitrario de comidas.) Creo que a través de su libro él tomó un enfoque bastante razonable sobre la relación entre padres e hijos.

¿Por qué he gastado tanto espacio con el propósito de aclarar las cosas en cuanto a las opiniones del doctor Spock? Tal vez porque debo una satisfacción a este hombre por haber contribuido yo también a la confusión en mis trabajos anteriores sobre la labor suya. Pero también porque muchos norteamericanos que están disgustados por las tendencias permisivas que existen actualmente, deberían saber que están apuntando al blanco equivocado. Hay cientos de sicólogos, siquiatras y autonombrados expertos que nos están ofreciendo recomendaciones más tontas que las de este viejo pediatra. Uno de tales escritores, el educador John Holt, a quien cito en un capítulo más adelante, hace que las opiniones del doctor Spock parezcan opresivas en comparación con las suyas.

Otra razón para referirme al artículo del doctor Spock, aparecido en esa revista, es a fin de enfatizar una de sus observaciones que me parece sumamente importante. Él afirma:

Un niño o una niña instantáneamente detecta la indecisión, los sentimientos de culpa y la frustración de sus padres. Tales actitudes le incitan a resistirse a las demandas y exigir más privilegios. Su actitud insoportable hace que el resentimiento de los padres se vaya acumulando hasta que finalmente surge en una explosión de ira,

grande o pequeña, que convence al niño de que debe
darse por vencido. En otras palabras, la sumisión de los
padres no evita los momentos desagradables; los hace
inevitables.

¡Cuán exacta es esta declaración del doctor Spock! Los
padres que están más ansiosos por evitar conflictos y confrontaciones a menudo se encuentra a sí mismo gritando, amena-
zando y por último lastimando al niño. En realidad, el abuso
infantil puede ser el resultado final.

Esto nos conduce al error más común y tal vez el más
costoso en esto de la disciplina infantil. Me refiero al uso
inapropiado de la ira para ejercer el control sobre los niños.
Me he referido a este tema en «Atrévete a disciplinar», pero
creo que debo enfatizar muy bien este punto.

No existe un método más ineficaz para controlar a un ser
humano de cualquier edad que el uso de la irritación y la ira.
No obstante, a ninguna otra cosa recurren más los padres para
asegurarse de la cooperación de sus hijos. Un maestro dijo en
un programa de televisión: «Me gusta ser un educador profesional, pero odio la tarea diaria de enseñar. Mis alumnos son
tan difíciles de disciplinar que tengo que estar enojado todo
el tiempo, simplemente para mantenerlos bajo control.»
¡Cuán desalentador es tener que estar enojado continuamente, como parte de una tarea habitual, año tras año! Sin embargo, muchos maestros y padres no conocen otra manera de
guiar a los niños. ¡Créame, eso es algo agotador, y no da
buenos resultados!

Considere su propia motivación. Suponga que vuelve a
casa del trabajo una tarde, manejando su automóvil y que
excede grandemente el límite de velocidad. Parado en la
esquina está un policía solitario, que no dispone de los medios
para arrestarle. No tiene auto patrullero, ni motocicleta. No
lleva puesta la placa de policía, ni carga pistola. Tampoco
puede expedirle una multa. Todo su trabajo se limita a estar
parado en la esquina y gritarle insultos a todo aquel que pasa
a gran velocidad. ¿Acaso reduciría usted la velocidad simple-

mente porque él agita el puño en señal de protesta? ¡Por supuesto que no! Tal vez lo saludaría con la mano y seguiría de largo. Lo único que conseguiría con su ira sería hacer el ridículo.

Por otra parte, nada tiene tanta influencia sobre la manera de conducir de cualquiera, como ver de pronto en el retrovisor que un auto patrullero que viene persiguiéndole incesantemente, con sus luces rojas relampagueando. Cuando usted detiene su auto, un policía muy serio y cortés, alto y fornido, se aproxima a la ventanilla. «Señor —dice firme, pero cortésmente—, nuestro radar nos indicó que usted estaba manejando a 160 kilómetros por hora en esta zona donde la velocidad máxima es de 120 kilómetros. ¿Me permite ver su licencia de manejar, por favor?» Abre su libreta de citaciones y se inclina hacia usted. No ha mostrado ninguna hostilidad ni expresado ninguna crítica, pero usted se ha quedado paralizado, y a tientas busca el pequeño documento, sí, ése de la horrible foto. ¿Por qué tiene usted las manos húmedas y la boca seca? ¿Por qué siente los latidos del corazón? Porque la *acción* que el representante de la ley está a punto de realizar es desagradable. Pero es precisamente esa *acción* la que afectará radicalmente su forma de manejar en el futuro.

La *acción* disciplinaria influye en el comportamiento, la ira no. Es más, estoy convencido de que la ira de los adultos produce en los niños cierta falta de respeto que es destructiva. Ellos perciben que nuestra frustración es causada por nuestra incapacidad para controlar la situación. Nosotros representamos la justicia para ellos, sin embargo, estamos a punto de llorar mientras movemos las manos agitando el aire y empezamos a gritar y a lanzar amenazas y advertencias inútiles. Permítame preguntarle: ¿Respetaría usted al juez de un tribunal superior que se comportara de esta manera tan emocional cuando administra justicia? Claro que no. Por eso el sistema judicial está cuidadosamente controlado para que sea visto como imparcial, racional y honorable.

No estoy recomendando que los padres y los maestros oculten sus verdaderas emociones delante de los niños. Tampoco sugiero que actúen como robots insensibles que no muestran ninguna emoción. Hay momentos, cuando nuestros hijos son irrespetuosos o desobedientes, y nuestra irritación es totalmente apropiada. En realidad, ésta debiera mostrarse o de lo contrario pareceríamos unos farsantes. El hecho importante que quiero dejar en claro es que con frecuencia la ira se convierte en un instrumento usado conscientemente con el propósito de influir en la conducta. Pero la ira es ineficaz y puede dañar la relación entre padres e hijos.

Veamos un ejemplo que podría representar uno de tantos millones de hogares a la hora de la tarde. Enrique está en segundo grado y llega a la casa como un torbellino de actividad. Ha estado moviéndose y molestando desde que se levantó por la mañana, pero increíblemente todavía posee exceso de energía para gastar. Su madre, la señora Martínez, no está en las mismas condiciones. Ha estado de pie desde el momento en que se levantó, a las 6.30 de la mañana. Preparó el desayuno para la familia, lavó los platos, despidió a su marido que se iba al trabajo, envió a Enrique a la escuela y luego se enfrentó con un arduo día de trabajo tratando de evitar que sus pequeños hijos gemelos se maten entre sí. En el momento en que Enrique vuelve de la escuela, ella lleva ocho horas de trabajar sin descanso. (Los niños pequeños no descansan. Así que, ¿por qué deberían hacerlo las madres?)

A pesar del cansancio de la madre, difícilmente se puede considerar que el día ha terminado para ella. Todavía le quedan por lo menos seis horas de trabajo, lo que incluye ir a la tienda de comestibles, preparar la cena, lavar los platos, bañar a los dos hijos más pequeños, ponerles los pañales, acostarlos; ayudar a Enrique con sus tareas escolares; orar con él; lavarle los dientes; leerle un cuento; darle las buenas noches y traerle por lo menos cuatro vasos de agua en los últimos cincuenta minutos de la noche. Me deprimo con sólo pensar en el agotador trabajo de la señora de Martínez.

Enrique no es muy comprensivo con ella, sin embargo, y llega de la escuela con ánimo travieso. No encuentra nada interesante que hacer; así que se dedica a irritar a su madre.

Atormenta a uno de los gemelos hasta que lo hace llorar, le tira de la cola al gato, y derrama el agua del perro. La madre le regaña, pero Enrique hace como si no oyera. Se va al cajón de los juguetes y empieza a sacarlos y a tirarlos por todas partes. Ahora la señora de Martínez sabe que alguien tendrá que ir a limpiar todo el revoltijo y tiene una vaga noción acerca de quién será la encargada de tal labor. Su voz se deja oír nuevamente. Le ordena que vaya al baño a lavarse las manos para cenar. Enrique lo hace, desaparece quince minutos y cuando vuelve tiene las manos sucias nuevamente. El pulso de la mamá comienza a acelerarse a estas alturas de los acontecimientos, y empieza a sentir una pequeña jaqueca. Finalmente, el día termina con la última responsabilidad: mandar a dormir a Enrique.

Pero Enrique no quiere acostarse a dormir, y sabe que a su cansada madre le costará por lo menos media hora antes de poder meterlo en la cama. Enrique no hace nada que vaya contra sus deseos, a menos que su madre se enoje mucho y le grite llena de ira. La señora de Martínez comienza el proceso emocional de forzar a su renuente hijo a bañarse y prepararse para ir a la cama. Esta porción de la historia fue incluida en «Atrévete a disciplinar» y la transcribiré de allí:

Enrique, de ocho años, está sentado en el piso entretenido con sus juguetes. Su mamá lo ve, mira el reloj y le dice: "Enrique, ya son casi las nueve de la noche (exageración de treinta minutos); recoge los juguetes y ve a bañarte." Ahora bien, Enrique y su mamá saben que ella no quería decir que él se fuera a bañar *inmediatamente*, sólo quería que comenzará a *pensar* en bañarse. Ella se habría caído muerta si él hubiese obedecido su orden. Después de unos diez minutos la madre le dice de nuevo: "Enrique, se está haciendo tarde y mañana tienes que ir a la escuela; recoge los juguetes y ve a meterte en la bañera." Ella todavía no tiene la intención de que Enrique le obedezca, y él lo sabe. Su verdadero mensaje es: "Se está acercando el momento, hijo." Enrique da vueltas y mete uno o dos juguetes en la caja para demostrar que ha oído. Luego se sienta para seguir jugando unos minutos más. Pasan seis minutos, y nuevamente se oye la voz de la madre, esta vez con más fuerza y con un tono de amenaza: "Escúcheme, jovencito; te he dicho que te muevas y lo dije en serio." Para Enrique esto significa que debe recoger los juguetes y caminar lentamente hacia la puerta del baño. Si su madre lo persigue rápidamente, entonces debe cumplir el mandato a toda prisa. Sin embargo, si la mente de su mamá se distrae antes que ella cumpla la última etapa del ritual. Enrique tiene unos cuantos minutos más para seguir jugando.

Como podemos ver, Enrique y su mamá están involucrados en una obra teatral de un acto. Los dos conocen las reglas y el papel que desempeña el otro. La escena entera está programada y preparada de antemano. Cada vez que la mamá desea que Enrique haga algo que no le gusta, ella avanza a través de diversas etapas de falsa ira, comenzando con calma y terminando con la cara enrojecida y amenazas. Enrique no tiene que moverse hasta que ella llegue al nivel máximo de ira. ¡Qué juego tan tonto! Como la mamá lo controla por medio de vanas amenazas, tiene que permanecer enojada todo el tiempo. Su relación con los hijos está contaminada, y esto hace que ella termine cada día con un tremendo dolor de cabeza. Ella no logra obediencia al instante. Tiene que invertir 20 minutos hasta llegar a un nivel de enojo aceptable para él.

Es mucho mejor usar la acción para obtener resultados. Hay cientos de maneras de actuar que producirían la respuesta deseada. Algunas de ellas significan dolor para el niño, mientras que otras le ofrecen un premio. Un poco de dolor puede proporcionarle al niño una excelente motivación, cuando sea conveniente. Los padres deben tener algunas maneras de hacer que sus hijos quieran cooperar, aparte de esperar que simplemente obedezcan porque se les dijo que lo hicieran. Para aquellos a quienes no se les ocurre un método, yo les sugiero este: Hay un músculo ubicado en la base del cuello. Los libros de anatomía le llaman el "músculo trapecio". Y cuando uno lo aprieta con fuerza envía el siguiente mensaje al cerebro: "Esto duele, evita a toda costa que se repita." El dolor es pasajero y no causa ningún daño. Cuando el jovencito no haga caso de las órdenes del papá o la mamá, debe saber que ellos tienen un recurso muy práctico.

Volvamos a la escena de la mamá queriendo que Enrique se acostara a dormir. Ella debería haberle dicho que tenía quince minutos más para jugar. Después habría sido sabio poner el reloj despertador para que sonara pasado ese lapso. A nadie, ni niño ni adulto, le gusta interrumpir repentinamente lo que está haciendo. Cuando hubiera sonado el reloj, mamá debería haberle dicho tranquilamente que se fuera a bañar. Si no se movía inmediatamente, ella podría haberle apretado el músculo en la base del cuello. Si Enrique sabe que este procedimiento será usado invariablemente, se moverá antes de recibir las consecuencias.

Existen algunas personas entre mis lectores que piensan que la deliberada y premeditada aplicación de un poco de dolor a un niño expresa falta de amor. Les pido a estos escépticos que me escuchen: Consideremos las alternativas. Por una parte hay constantes regaños y conflictos entre los padres y el niño. Cuando el niño descubre que detrás de los montones de palabras que escucha no hay ningún peligro, deja de oírlas. Los únicos mensajes a los cuales reacciona son aquellos que llegan a un nivel máximo de emoción, lo que significa muchos gritos y alaridos. El niño va halando en la dirección opuesta, poniéndole los nervios de punta a su padre o madre y causando tensión en la relación entre ellos. Pero la limitación más importante del uso de estas reprimendas verbales es que a menudo quien las usa tiene que recurrir finalmente al castigo físico. Así que en vez de disciplinarle con calma y de una forma juiciosa, el padre o la madre que se siente nervioso y frustrado intenta pegarle furiosamente a su hijo desobediente. No existe razón para que ocurra tal tipo de enfrentamiento. La situación podría haber culminado de una manera bien distinta si la actitud del esta madre hubiese sido de serena confianza en sí misma. Hablándole suavemente, casi con cortesía, la mamá le dice a Enrique: "Tú sabes lo que pasa cuando no me obedeces. No veo ninguna razón por la cual yo tenga que hacerte sufrir esta noche para lograr tu cooperación. Pero si insistes, voy a jugar el juego contigo. Cuando suene el reloj vas a decirme cuál es tu decisión." El niño tiene que hacer una elección, y las ventajas de obedecer al deseo de su mamá son bien claras. No necesita gritarle.

No necesita amenazarlo con quitarle la vida. No necesita enojarse. Ella es la que manda. Por supuesto, mamá tendrá que demostrar una o dos veces que aplicará el dolor, si es necesario. Y de vez en cuando, durante los meses siguientes, el niño verificará si ella se mantiene al timón. No existe la más mínima duda en mi mente acerca de cuál de estas dos maneras de actuar es la menos dolorosa y la menos hostil entre padres e hijos.

Una comprensión de la interacción entre Enrique y su mamá puede ser muy útil para aquellos padres que se han convertido en «gritones» y no saben por qué. Demos una mirada a la relación entre ellos durante esa tarde tal como se presenta en el diagrama de la figura número 3 (p.106). Notemos que la mamá de Enrique lo saludó en la puerta cuando él llegó de la escuela, lo cual representa un punto de irritación muy bajo. Desde ese instante en adelante, sin embargo, su emoción aumentó y fue intensificándose hasta el momento de la explosión al final del día.

Por medio de su última exhibición de ira en el momento de acostarlo, la señora de Martínez le demostró a Enrique que había terminado con sus advertencias y ahora estaba lista para entrar en acción. Como podemos ver, muchos padres, aun aquellos que son muy permisivos, tienen un límite en la escala más allá del cual no permitirán que los empujen, pero, inevitablemente, después de esa línea vendrá el castigo. Lo sorprendente acerca de los niños es que ellos saben exactamente dónde se encuentra la línea trazada por sus padres.

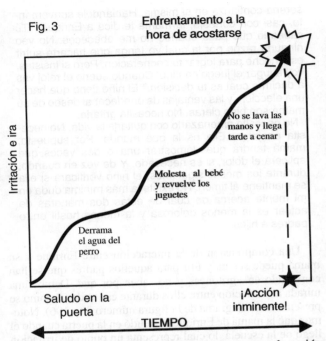

Fig. 3

Enfrentamiento a la hora de acostarse

Irritación e ira

No se lava las manos y llega tarde a cenar

Molesta al bebé y revuelve los juguetes

Derrama el agua del perro

Saludo en la puerta

¡Acción inminente!

TIEMPO

Nosotros los adultos les revelamos nuestros puntos de acción por lo menos en una docena de formas sutiles: El momento en que usamos sus nombres completos (¡Pablo Rafael, vete a la bañera!), o el momento en que hablamos abruptamente (¡Jovencito! ¡Te digo! ¡Debes comer!). Nuestra cara se pone roja, nos levantamos de la silla, y entonces el hijo sabe que ha llegado el momento de obedecer.

La otra cosa interesante acerca de los niños es que después de identificar las circunstancias que preceden inmediatamente a la acción disciplinaria, presionarán a los padres hasta llegar a tales límites, pero rara vez irán más allá en forma deliberada. Una o dos veces, Enrique no hará caso del proceso emocional de su mamá sólo para ver si ella tiene el valor de cumplir lo que ha prometido. Cuando tal interrogante haya sido respondido, hará lo que tiene que hacer en el tiempo preciso para evitarse el castigo.

Esto nos lleva al punto de hablar de algo que es muy importante. Debo admitir que me cuesta expresar esto por escrito, y que corro el riesgo de no ser completamente entendido por algunos de mis lectores. Esto debe ser, sin embargo, valioso para aquellos padres que desean terminar de luchar con sus hijos.

He dicho que a menudo la ira de los padres le ofrece al niño señales de que se está llegando a la línea de acción. Por lo tanto, él obedece, aunque de mala gana, sólo cuando mamá o papá «se enoja» indicando que está dispuesto a recurrir al castigo. Por otra parte, los padres observan que la obediencia del niño se da simultáneamente con su ira, y equivocadamente concluyen que es su explosión emocional lo que obligó al niño a someterse. Así parece que, para controlarlo en el futuro, la ira fuese algo necesario. Han entendido mal la situación.

Volviendo a lo que sucedió con Enrique, la madre le dijo seis o siete veces que fuera a bañarse. Sólo cuando ella «explotó» él se metió en la bañera, haciéndola creer que su ira producía la obediencia del niño. ¡Ella está equivocada! No fue la ira lo que envió a Enrique al baño. Fue la *acción* que él creyó que era inminente. Su ira no fue nada más que una señal de que mamá estaba lo suficientemente frustrada como para recurrir al castigo corporal. ¡Y Enrique se cuida de esto!

He escrito todo este capítulo sólo para transmitir este mensaje: No se necesita la ira para controlar a un niño. Se necesita la acción, de vez en cuando. Además, usted puede aplicar la acción en el momento conveniente, y el niño vivirá contento dentro de ese límite fijado. De hecho, mientras la acción esté más cerca del comienzo del conflicto, se requerirá menos castigo. Un buen apretón del músculo trapecio no podrá ser un fuerza suficientemente disuasiva al final de dos horas de lucha, mientras que es más que adecuado cuando el conflicto es mínimo. (A propósito, no recomiendo a las madres que pesan menos de 40 kilos que les aprieten el músculo trapecio a sus hijos que ya son adolescentes grandes. Porque ese procedimiento envuelve algunos riesgos. La regla general a seguir es: «Si no puede alcanzarlo, no lo apriete.»)

Permítame volver a la valiosa observación del doctor Spock especialmente como se aplica al diagrama. Refiriéndose a los padres que no tienen una línea de acción o que recurren a ella demasiado tarde, dice: «La sumisión de los padres no evita los momentos desagradables; los hace inevitables.» Si usted no adopta una actitud firme cuanto antes, el niño, por su misma naturaleza, se verá obligado a empujarlo para ver hasta dónde puede llegar. Entonces la rebeldía del niño «hace que el resentimiento de los padres se vaya acumulando hasta que finalmente surge en una «explosión de ira». Esto es justamente lo que he tratado de decir desde hace trece años.

Incluida en esa afirmación hay una comprensión de los niños que algunos adultos logran intuitivamente, mientras que otros nunca la llegan a tener. Implica un delicado equilibrio entre el amor y el control, reconociendo que una razonable y consecuente línea de acción no ataca a la autoestima, sino que representa una fuente de seguridad para un niño inmaduro.

Por razones que no logro comprender, parece que a menudo los padres comprenden este principio mejor que las madres. Por lo tanto, es muy común que una madre me diga: «No entiendo a mis hijos. Hacen exactamente lo que su padre les ordena, pero a mí no me hacen caso.» La conducta de esos hijos no es ningún misterio. Son lo suficientemente perspicaces para darse cuenta de que papá recurre a la acción mucho antes que mamá. Ella grita y discute. Él actúa con tranquilidad.

Por lo general, los niños entienden estas fuerzas mejor que sus padres que se encuentran sobrecargados con preocupaciones y responsabilidades. Es así como muchos niños son capaces de ganar el enfrentamiento entre las voluntades: principalmente dedican sus esfuerzos al juego, mientras que nosotros los adultos participamos sólo cuando no podemos dejar de hacerlo. Un padre alcanzó a escuchar a Laura, su pequeña hija de cinco años, decirle a su hermanita más pequeña que estaba haciendo algo malo: «¡Um!, se lo voy a decir a mamá! ¡No! Se lo diré a papá. ¡Él es peor que ella!» Laura había evaluado las medidas disciplinarias de sus dos padres y había llegado a la conclusión de que uno era más efectivo que el otro.

El padre observó que esta misma niña se había vuelto especialmente desobediente y rebelde. Irritaba a otros miembros de la familia y buscaba maneras para no obedecer a sus padres. Su papá decidió no exigirle directamente un cambio de conducta, sino castigarla constantemente por cada falta que cometiera, hasta que cambiara. Así que, por tres o cuatro días, no permitió que Laura se saliera con la suya en absoluto. Le dio nalgadas, la hizo pararse en un rincón, y la mandó a su habitación. Al final del cuarto día estaba sentada en la cama con el padre y su hermana menor. Sin ninguna provocación, Laura le tiró del pelo a la hermanita que miraba un libro. El padre la castigó inmediatamente dándole un golpecito en la cabeza. Laura no lloró. Se sentó en silencio por un minuto o dos y luego exclamó: «¡Ninguno de mis trucos está funcionando!»

Si el lector trata de hacer memoria de sus años de la infancia, probablemente recordará acontecimientos similares en los cuales analizó conscientemente las técnicas disciplinarias de los adultos y puso a prueba sus debilidades. Cuando yo era niño pasé una noche en casa de un amigo mío que era muy travieso, el cual parecía conocer por anticipado cada maniobra de sus padres. José parecía un general del ejército que había descifrado el código del enemigo, lo que le permitía manejarlo y derrotarlo. Esa noche, después que estábamos acostados, José me hizo una descripción sorprendente del malhumor de su padre.

Me dijo: «¡Cuando mi papá se pone furioso usa unas palabrotas que te dejarían pasmado!» (Mencionó tres o cuatro que recordaba de experiencias pasadas.)

Le contesté: «¡No te creo!»

El señor Domínguez era un hombre alto y reservado que parecía tener un muy buen control de sí mismo. Yo no podía concebir que pudiera usar el vocabulario que José me había dicho.

«¿Quieres que te lo pruebe?», me dijo maliciosamente. «Todo lo que tenemos que hacer es ponernos a hablar y a reír en vez de dormirnos. Mi papá vendrá una y otra vez para hacernos callar. Se irá enojando cada vez más y más, tratando de que nos callemos. Entonces lo vas a oír decir sus palabrotas. ¡Espera y verás!»

Tenía mis dudas acerca del plan, pero quería ver al digno señor Domínguez sacar a relucir su lenguaje indecente. Así que José y yo mantuvimos a ese pobre hombre yendo y viniendo como un «yo-yo» por más de una hora. Como lo había predicho José, cada vez que regresaba a la habitación venía más enojado. Yo estaba nervioso y hubiera cancelado la demostración, pero José, que ya había pasado por la experiencia, me dijo: «No falta mucho.»

Finalmente, ya cerca de la medianoche, sucedió. La paciencia del señor Domínguez se agotó. Vino por el pasillo hacia nuestra habitación con un gran estruendo, haciendo retumbar toda la casa con las pisadas tan fuertes que daba. Irrumpió en la habitación, se abalanzó sobre la cama de José que se protegió debajo de tres o cuatro frazadas. Entonces de su boca salió un torrente de palabras que difícilmente yo había escuchado antes. Yo estaba sorprendido, pero José parecía deleitado.

Todavía, mientras su padre golpeaba las frazadas y largaba palabrotas, José se asomó y me dijo: «¿Oyes? ¿No te lo había dicho? ¿Viste que las dice?» ¡Y es un milagro que el señor Domínguez no acabó matando a su hijo en ese momento!

Estuve despierto aquella noche pensando en lo que había ocurrido. Me hice el propósito de que nunca, cuando yo creciera, me dejaría manipular por un niño. ¿Se da cuenta de cuán importantes son las técnicas disciplinarias a fin de que un niño respete a sus padres? Cuando un niño, intencionalmente, puede hacer que sus padres se sientan completamente frustrados, algo cambia en la relación entre ellos. Algo precioso se pierde. El niño va incubando una actitud de desprecio que hará erupción cuando llegue el tiempo de la explosiva adolescencia. Lo que deseo sinceramente es que todos los adultos comprendan esta simple característica de la naturaleza humana.

Cerca de mi hogar, en Arcadia, California, hay un hombre curtido que comprende muy bien la forma como piensan los niños. Es dueño de una escuela de natación; se llama Bud Lyndon, tiene aproximadamente 60 años de edad, y ha dedicado la mayor parte de su vida a trabajar con jóvenes. El señor Lyndon posee una sorprendente comprensión de los principios de la disciplina, y disfruto viéndolo trabajar. Sin embargo, existen unos pocos expertos en el desarrollo de los niños que podrían explicar por qué tiene tanto éxito con los pequeños nadadores. No es suave ni delicado en su manera de ser, y más bien tiende a la aspereza. Cuando un niño se comporta incorrectamente, le echa agua en la cara y le dice: «¿Quién te dijo que te movieras? ¡Quédate en el lugar que te señalé hasta que te diga que nades!» Les llama a los muchachos «hombres del mañana» y otra serie de nombres cariñosos. Su clase tiene un régimen y cada minuto se usa con propósito. Pero, ¿me puede usted creer si le digo que los niños aman al señor Lyndon? ¿Por qué? Porque ellos saben que él también les ama. Dentro de su manera áspera de tratarles está implícito un mensaje de afecto que podría escapársele a un observador adulto. El señor Lyndon jamás abochorna intencionalmente a un niño, y "protege" al joven que no nada muy bien. Logra un delicado equilibrio entre su autoridad y su cariño que tanto atrae a los niños. El señor Lyndon entiende el significado de la disciplina con amor.

Cuando yo estaba en la escuela secundaria tenía un entrenador de atletismo que influyó en mí de la misma forma. Él era el que mandaba, y nadie se atrevía a desafiar su autoridad. Me hubiese enfrentado solo con leones antes de atacar al señor Ayers. Sí, le temía. Y todos le temíamos. Pero él nunca abusó de su poder. Me trató cortés y respetuosamente en un tiempo cuando necesitaba toda la dignidad que pudiera conseguir. Relacionada con su aceptación del individuo existía una obvia confianza en sí mismo y una capacidad para conducir a un puñado de lobos adolescentes que habían devorado a otros profesores menos capaces. Por eso aquel entrenador de mi adolescencia tuvo más influencia en mi vida que ninguna otra persona en aquella edad. El señor Craig Ayers sabía el significado de la disciplina con amor.

No todos los padres pueden ser como el señor Lyndon o el señor Ayers, y yo no les sugeriría que trataran de serlo. No sería prudente que una madre demostrara en el hogar la aspereza apropiada para un campo de juego o una piscina de natación. Cada persona debe adaptar su método de disciplina a sus características personales y a las respuestas que logre naturalmente. Sin embargo, el principio básico es el mismo para hombres y mujeres, madres y padres, entrenadores y maestros, pediatras y sicólogos: Se precisa disciplina con amor, una razonable introducción a la responsabilidad y al autocontrol, liderazgo de los padres con un mínimo de enojo, respeto por la dignidad del niño, límites realistas que sean mantenidos con firmeza, y un uso juicioso de premios y castigos para aquellos que desafíen o resistan. Este es el sistema que Dios, el creador, aprueba.

Preguntas y respuestas

Pregunta: **Resulta fácil para usted aconsejarme que no me enoje con mis hijos, pero hay ocasiones en las que me hacen poner furiosa. Por ejemplo, es horrible el momento que paso cada mañana para que mi hija de diez años esté lista para llevarla a tomar el autobús escolar. Se levanta cuando insisto, pero pierde el tiempo y se pone a jugar tan pronto como salgo de la habitación. Tengo que empujarla y amenazarla constantemente, o si no se le hace tarde. Así que, cada vez me enojo más, y por lo general termino insultándola a gritos. Sé que ésta no es la mejor manera**

para tratar a la pequeña malcriada, pero confieso que me hace sentir ganas de golpearla. Por favor, dígame cómo puedo hacer que ella se apure sin que yo experimente esta terrible emoción todos los días.

Respuesta: Usted está haciendo lo que su hija quiere que haga, al asumir la responsabilidad de que ella se arregle para ir a la escuela cada mañana. Una niña de diez años debería ser capaz de asumir por ella misma tal responsabilidad, pero no es probable que el enojo de usted logre que ella lo haga. Tuvimos un problema similar con nuestra hija cuando tenía diez años. Tal vez la solución que nos dio resultado en esa ocasión, sea útil para usted.

El problema que Danae tenía por la mañana estaba relacionado principalmente con su deseo compulsivo de dejar su habitación arreglada. No podía irse a la escuela cada mañana a menos que la cama estuviese perfectamente hecha y cada cosa estuviera en su lugar. Esto no era algo que nosotros le habíamos enseñado, pues ella siempre fue muy meticulosa con sus cosas. (Debo agregar que su hermano Ryan no sufre el mismo problema.) Danae hubiera podía terminar estas tareas a tiempo si hubiese estado motivada para hacerlo, pero nunca tenía prisa. Así que mi esposa empezó a caer en el mismo hábito que usted describe: amenazar, empujar y, por último, enojarse cuando el reloj se aproximaba a la hora.

Shirley y yo hablamos sobre el problema y estuvimos de acuerdo en que debería existir un mejor método para llevar las cosas adelante en la mañana. Más tarde inventé un sistema que llamamos «Puntos de control». El mismo funcionaba de la siguiente manera: le dijimos a Danae que tendría que estar levantada a las 6:30 todas las mañanas. Era su responsabilidad poner su despertador para esa hora y salir de la cama. Si lograba levantarse a tiempo o no (un minuto tarde ya se consideraba que había fallado) tenía que ir a la cocina, donde había una hoja de papel sobre la puerta del refrigerador. Allí tenía que marcar «Sí» o «No», según fuera el caso para ese punto de control. No podía ser más simple. Estaba de pie a las 6:30, o no lo estaba.

El segundo punto de control tenía lugar 40 minutos después, a las 7:10. Se le requería que a esa hora su habitación estuviera en orden a su propia satisfacción, y tenía que haberse lavado los dientes, peinado y vestido. Además, tenía que estar lista para ensayar piano. Cuarenta minutos era suficiente tiempo para estas tareas que hubiera podido hacer en diez o quince minutos si hubiera querido apurarse. Así que la única manera en que podía fallar en el segundo punto de control era decidir pasarlo por alto intencionalmente.

Ahora bien: ¿cuál era el propósito de los puntos de control? ¿Se produciría enojo, gritería y crujir de dientes al no cumplirlos? Por supuesto que no. Las consecuencias eran claras y justas. Si Danae fallaba en uno de los puntos de control, esa noche tenía que acostarse treinta minutos antes de la hora habitual. Si fallaba en dos, tenía que "meterse debajo de las sábanas" una hora antes. Le permitíamos leer en la cama, pero no podía ver televisión ni hablar por teléfono. Este método transfirió toda la presión de los hombros de Shirley a los de nuestra hija, que era donde debía estar. Hubo ocasiones, cuando mi esposa se levantó justo a tiempo para preparar el desayuno, y encontró a Danae tranquilamente sentada al piano, vestida y de muy buen ánimo.

Este sistema de disciplina puede ser útil como modelo para los padres que tienen problemas parecidos con el comportamiento de sus hijos. No era un sistema opresivo. En realidad, Danae parecía disfrutar al tener una meta que alcanzar. Los límites de una manera de obrar aceptable se encontraban delineados fuera de toda duda. La responsabilidad descansaba muy claramente sobre la niña. Las consecuencias de su falta de cumplimiento fueron aplicadas en forma fácil y justa. Y no había necesidad de que ningún adulto se enojara o se pusiera a patear el suelo lleno de ira.

Este concepto puede adaptarse para resolver también otros conflictos muy difíciles que existan en su hogar. El único límite lo marca la creatividad e imaginación de los padres.

Pregunta: **¿Qué otros errores cometen habitualmente los padres en la disciplina de sus hijos?**

Respuesta: Es muy fácil caer en la costumbre de decirles «No» a nuestros hijos por todo.

«No, no puedes ir afuera.»

«No, no puedes comerte una galleta.»

«No, no puedes usar el teléfono.»

«No, no puedes ir a dormir a casa de tu amigo.»

Como padres podríamos haber respondido afirmativamente a todas estas peticiones, pero casi automáticamente escogemos dar una respuesta negativa. ¿Por qué? Porque no tomamos tiempo para detenernos y pensar en las consecuencias; porque la actividad podría causarnos más trabajo o trastornos; porque podría ser peligrosa; porque nuestros hijos piden un millón de cosas cada día, y nos parece conveniente negárselas todas.

Mientras que cada niño debe saber que le serán negados sus deseos más extravagantes, también es necesario que los padres consideren cada petición en forma individual y por sus propios méritos. Existen algunos «no» en la vida que debiéramos decir «sí» cada vez que podamos.

El doctor Fitzhugh Dodson amplió esta idea en su libro «How to Father» («Cómo ser padre»), donde escribió acerca de la necesidad que tiene un niño de mantener una interacción con su padre o madre en la que éste no le exija nada.

Piense cómo lo ve a usted su hijo: ¿Es 99% de su papel el de alguien que está esperando algo de él, recordándole algo que debe hacer, regañándole para que deje de hacer algo, o castigándolo por su mala conducta? Si es así, usted no está estableciendo una profunda y positiva relación emocional. Él necesita pasar momentos con usted en los cuales no le exija nada; momentos en los cuales los dos puedan disfrutar del hecho de estar juntos. Y especialmente necesita estos momentos durante los primeros cinco años de su vida, porque esos son los años en que se establece esta clase de relación emocional. La mayoría de las rebeliones anormales de los adolescentes podrían haberse evitado si los padres hubieran invertido tiempo estableciendo una profunda e íntima relación con sus hijos durante sus años preescolares.

Pregunta: **Mi esposo y yo somos misioneros y recientemente hemos sido asignados a una área remota de Colombia. Nuestro ministerio será con una cultura indígena a la cual sólo se puede llegar a caballo o a pie. Estoy preocupada por nuestros hijos de siete y nueve años de edad y su futuro educacional. No hay escuelas cerca de donde va a estar nuestro nuevo domicilio, y el internado más cercano queda a unos 300 kilómetros de distancia. Debido al costo del viaje no les podríamos ver nada más que durante las vacaciones y alguna otra ocasión durante el año. Aunque yo pudiera enseñarles las materias académicas que se requieren en la primaria, obviamente necesitan mantener contacto social con niños de su misma edad, y no queremos privarlos de esa experiencia. ¿Qué me recomendaría usted: los mantenemos con nosotros o los enviamos a la escuela?**

Respuesta: ¿Qué haremos con los niños? Esta es a menudo la pregunta más difícil que se hacen los misioneros. No pretendo tener la solución final a este difícil problema, aunque tengo opiniones muy definidas sobre el tema. Yo he aconsejado a algunos hijos de misioneros, muchos de los cuales estaban amargados y resentidos por los sacrificios que se les había obligado a hacer. Se vieron privados de la seguridad de un hogar en una etapa crítica de su desarrollo, y experimentaron profundas heridas emocionales en el proceso. Por lo tanto, la rebelión era común entre estos jóvenes enojados, que estaban disgustados con sus padres y con el Dios que los mandó al extranjero.

Basado en estas observaciones tengo la firme convicción de que, de ser posible, se debe mantener intacto el núcleo familiar de los misioneros. No podría enfatizar demasiado la importancia del apoyo y el amor de los padres durante los años de formación del niño. El sentido de seguridad de un niño y su bienestar están basados principalmente en la estabilidad de su hogar y de su familia. Así que es seguro que será afectado por la separación no sólo de sus padres, sino también de sus amigos y del ambiente de su propia cultura. De repente se encuentra en un dormitorio solitario, en un país extranjero, donde quizá se enfrentará al rechazo y a presiones que tal vez no podrá soportar. No puedo imaginarme un mejor método para producir problemas emocionales y espirituales en un niño vulnerable.

Mi amigo, el doctor Paul Cunningham, expresó una opinión similar durante una reciente conferencia sobre la vida familiar. Sus comentarios fueron grabados por un reportero, y los cito aquí con el permiso del autor:

Estoy casado con la hija de unos misioneros que, cuando tenía cinco años de edad, fue enviada a un internado en África. Sus padres la veían aproximadamente tres veces al año. Esto representa el sacrificio más grande que un misionero tiene que hacer. He tenido el privilegio de ayudar espiritualmente a hijos de misioneros, y pienso que puedo decir sin temor a equivocarme, y quiero decirlo con mucho cuidado, que a menudo los niños que tienen esta experiencia nunca se recuperan por completo de la misma.

Por ejemplo, a mi esposa la humillaban en la escuela debido al fuerte sentimiento antinorteamericano que existía allí. Ella era la única norteamericana en su escuela. No estoy hablando de una niña de diez o doce años, sino de seis. A fin de cuentas, todo lo que experimentó la convirtió en una persona tremendamente fuerte, y dudo que ella habría sido todo lo que es para nuestros hijos y para mí, de no haber tenido esas experiencias difíciles. Pero al mismo tiempo, si no hubiera sido por su habilidad para enfrentarse a los problemas, no sé... tal vez no hubiera sobrevivido, porque otros no lo han hecho.

No puedo pensar que separar a los hijos pequeños de sus padres sea recomendable como la única opción para estas familias. Por ejemplo, sé de una situación en la que los niños tienen que hacer un largo viaje a través del río para ver a sus padres; estoy hablando de niños pequeños. El viaje dura varias horas para llegar al campo misionero. Su mamá se despide de ellos en el otoño y no los ve más por muchos meses a causa de lo costoso del viaje. Podrían transportarlos en helicóptero, en lugar de en un barco por el río, pero no cuentan con dinero para el pasaje. Debemos hacer algo para ayudar a personas como éstas, cueste lo que cueste.

El doctor Cunningham y yo estamos de acuerdo en que realmente el asunto quizá sea uno de prioridades. En mi opinión, la participación significativa dentro de la familia tiene mucha más importancia que las consideraciones educacionales. Además, el contacto con los padres durante los años de formación es mucho más importante que el contacto con los compañeros de la misma edad. Y por último, hasta los misioneros (que han sido llamados a una vida de servicio y sacrificio) deben reservar algunos de sus recursos para sus propias familias. Después de todo, un ministerio exitoso en tierras extranjeras será bastante insignificante para los que pierdan a sus propios hijos.

Pregunta: **¿Conoce usted el librito para padres titulado «Children, Fun or Frenzy?»? («Los niños: ¿diversión o locura?»). Si lo conoce, ¿podría comentar algo acerca de sus recomendaciones para la disciplina?**

Respuesta: Sí, conozco el librito escrito por Pat Fabrizio. Cientos de ejemplares de este libro han sido distribuidos y vendidos dentro de la comunidad cristiana. En él y en uno similar titulado «Why Daddy Loves to Come Home» («Por qué a papá le gusta llegar al hogar») la señora Fabrizio cuenta sus experiencias como madre permisiva cuyos hijos eran indisciplinados e irrespetuosos. A través de una serie de conflictos ella y su esposo descubrieron los principios bíblicos de disciplina que determinaron un cambio en su hogar.

Algunos conceptos valiosos están incluidos en este librito y yo no lo condenaría. Pero me preocupa el énfasis indebido que esta señora hace en el castigo corporal. Mientras que al principio había sido permisiva y débil, después parece obsesionada con la necesidad del castigo físico. Así que, me parecería que la autora fue de un extremo a otro en su filosofía para criar a los hijos. Cito lo que ella escribió:

> *...cada vez* (la letra cursiva es de la autora) que exijo algo de mi hijo, como: "¡Ven acá!", "¡No toques!', "¡Siéntate!", o cualquier otra cosa, debo asegurarme de que me obedece. Cuando se lo he dicho en un tono normal, si no me obedece inmediatamente, *debo* (aquí la letra cursiva es mía) tomar un cinto y darle unas nalgadas (el amor lo exige) lo suficientemente fuertes como para que le duelan; así no querrá que el asunto se repita.

En otra parte, ella insiste en la necesidad de las nalgadas por la «más pequeña desobediencia», y prosigue: «No importa la naturaleza o las circunstancias de la falta, la corrección es siempre igual porque la maldad siempre es desobediencia.»

De igual manera, la señora de Fabrizio describe una ocasión en la que le dio nalgadas a su hija porque ella «entendió lo que debía hacer, pero se puso a jugar y se le olvidó». Estos son ejemplos clásicos de exageraciones de un principio bíblico muy bueno, y que en tales casos es llevado hasta un punto peligroso. El castigo corporal —en mi opinión— sólo debe aplicarse ante un caso de desafío voluntario. Debe ser la reacción de los padres ante un hijo que dice: «¡No lo haré!» Pero es insensato castigar a un niño porque olvidó algo. Y aún me preocupa más un ejemplo en el que se describe una noche cuando el señor y la señora Fabrizio no habían disciplinado a su travieso hijo de casi dos años de edad antes de acostarlo a dormir.

> Así que papá fue y lo despertó. Lo sentó en sus rodillas hasta que estuvo bien despierto y le dijo que no había estado en paz acerca de lo sucedido y le confesó que no habíamos obedecido a Dios porque no nos habíamos asegurado de que él nos obedeciera. El papá le dijo que tenía que castigarlo por no haber obedecido. Así que le dio unas nalgadas, y lo acostó de nuevo.

¿Podemos imaginarnos cómo se ve esto desde la perspectiva de un niño? ¡Levantarlo de un profundo sueño y castigarlo por algo que había ocurrido horas antes! Un niño de aproximadamente dos años a duras penas puede recordar lo que hizo de un momento a otro, y lo que sucedió hace un día ya está perdido en la memoria. Su padre, «lleno de culpa», le confesó que él y su mamá «no habían obedecido al Señor». ¡Qué espantoso! ¿Habrá una mejor manera de provocarle pesadillas a un niño que el hecho de nunca saber cuándo Dios enviará a su papá a fin de castigarle por alguna mala conducta que se le toleró ayer?

La razón por la cual este librito me frustró es que su mensaje no se necesita. Debemos enseñarles a los niños respeto y responsabilidad. Deben estar bajo la autoridad paterna. Y muchos niños necesitan que se les castigue, pero «aquí y ahora». Ahora bien, no conviene limitar la disciplina a una sola técnica, ni existe una sola fórmula para cada situación o para todos los seres humanos. Hay momentos en los que se debe castigar al niño obligándolo a sentarse diez minutos en una silla, como ya he dicho anteriormente. O se le puede privar de un privilegio o mandarle más temprano a la cama. Existen muchas y variadas medidas adecuadas para diferentes faltas y circunstancias. Y, de vez en cuando, he hallado que es útil conversar con un niño arrepentido, y concederle una misericordia que ni espera ni merece. Mi énfasis es que los niños son infinitamente complejos y que su dirección requiere tacto, sutileza, valor, pericia y conocimiento.

«Realmente la clave para hacer bien el trabajo de padre o madre consiste en poder mirar con los ojos de nuestros niños, para ver lo que ellos ven y sentir lo que ellos sienten. Cuando él se siente solo, necesita su compañía. Cuando es rebelde, necesita que usted le ayude a controlar sus impulsos. Cuando tiene miedo, necesita la seguridad de un abrazo suyo. Cuando es curioso, necesita que usted le instruya pacientemente. Cuando está contento, necesita compartir su risa y su alegría con aquellos a quienes ama.

Así que, los padres que intuitivamente comprenden los sentimientos de sus hijos están en una posición que les permite responder de una manera apropiada y satisfacer las necesidades que son evidentes. Y al llegar a este punto, el criar hijos sanos se convierte en un arte sumamente desarrollado, que requiere la mayor sabiduría, paciencia, dedicación y amor que nos han sido dados por Dios. El apóstol Pablo llamó a la vida cristiana un "culto racional". Sería bueno que los padres aplicáramos esa misma norma a la conducta de nuestros hijos.

No quiero criticar demasiado los escritos de la señora de Fabrizio, porque aparentemente ella busca poner en práctica los principios bíblicos que los dos amamos y en los cuales confiamos. Sin embargo, con los niños el celo excesivo puede ser una cualidad peligrosa. Es muy importante que los niños y las niñas comprendan el propósito del castigo y lo reciban como algo razonable y merecido. Cuando el castigo corporal es administrado rutinariamente por la más «leve desobediencia» se puede producir un profundo resentimiento que preparará el ambiente para explosiones que ocurrirán durante la adolescencia.

Pregunta: **Usted habló del abuso infantil y la ira de los padres. ¿Quisiera comentar un poco más acerca de la violencia en nuestra sociedad en general y de las fuerzas que la promueven?**

Respuesta: Hay pocos temas que me preocupen más que el de la publicidad que se le da al crimen y la violencia, hoy en día, en los Estados Unidos. Hace algún tiempo, un escuadrón de la policía de Los Ángeles acorraló a un pistolero muy peligroso en una área residencial de esta ciudad. El fugitivo se había refugiado en una pequeña casa y tenía como rehenes a tres jóvenes. Las cámaras de la televisión enfocaron a un niño de diez años que fue obligado a salir al exterior y luego el secuestrador le dio un tiro en la cabeza, para luego suicidarse. La pobre víctima murió en la acera en medio de un charco de sangre. Yo lo observé sentado, con mi estómago revuelto, mientras que el drama era transmitido anoche a todo color.

Un torrente de emociones me invadió mientras observaba los ojos inmóviles y fijos del joven moribundo. Súbitamente, sentí una mezcla de compasión, remordimiento e indignación que he venido acumulando durante muchos años. Me sentía enojado con los que tratan de obtener ganancias por cualquier medio, los cuales han fomentado la violencia en nuestra sociedad, y con los millones que parecen deleitarse con ella. Me sentía enojado con los productores de películas, que han manchado con sangre toda la pantalla. Me sentía enojado con las personas que van a los teatros, por exigir una docena de destripamientos por hora, para su entretenimiento visual. Me sentía enojado con las cadenas de televisión por transmitir continuamente historias policiacas, con sus tiroteos y tontas persecuciones en auto, y sus golpes de karate. Me sentía enojado con el Tribunal Supremo por legalizar más de un millón y medio de abortos al año en los Estados Unidos. Me sentía enojado con el Ejército de Liberación de Palestina por haber matado a ocho inocentes atletas en los juegos olímpicos de Munich. Me sentía enojado con Truman Capote por haber escrito «In Cold Blood» («A sangre fría»)y con sus lectores ávidos de emoción por querer saber cómo fue asesinada una pacífica familia en su propia granja. Y me sentía sumamente enojado con el patético sistema de justicia norteamericano que hace que el crimen sea tan provechoso y el castigo tan improbable.

Pero, lamentablemente, mi indignación no cambiará nada, y la ola de violencia y criminalidad continuará aumentando. Nos hemos vuelto tan insensibles al sufrimiento y la explotación que experimentan otros seres humanos, que aun los acontecimientos más horribles, presentados en la televisión son aceptados por nosotros como parte regular de nuestro «entretenimientos» nocturno.

Creo que ya es hora de que millones de ciudadanos decentes, y respetuosos de las leyes, se levanten uniendo sus voces de protesta para oponerse a las industrias que están sacando provecho de la violencia. Una valiente campaña de tal naturaleza fue realizada en 1977 por la Asociación Nacional de Padres y Maestros; sus esfuerzos fueron dirigidos en contra de las cadenas de televisión y de las compañías que patrocinan los programas más perjudiciales. Por supuesto, la presión que fue ejercida provocó el grito angustiado de individuos que avariciosamente quieren obtener ganancias por cualquier medio, cuyos bolsillos estaban forrados con dinero. Sin embargo, varias compañías importantes prometieron no patrocinar más programas violentos en televisión. Esta forma de sanción económica es el arma más poderosa, que está disponible para influir en nuestro sistema de libre empresa, y deberíamos usarla de modo tajante contra aquellos que están queriendo destruirnos desde adentro. ¡Ya hemos estado sin hacer nada por bastante tiempo!

Pregunta: **¿Cuál es su opinión acerca de la campaña de «Igualdad de derechos» para las mujeres, que es apoyada por el Movimiento de Liberación Femenina?**

Respuesta: Estoy a favor de los mismos derechos constitucionales, tanto para hombres como para mujeres, pero me opongo totalmente a la enmienda que se propone. ¿Por qué? Porque los términos son tan imprecisos que finalmente la interpretación definitiva de su significado quedará en manos del sistema judicial de la nación. Y, francamente, no confío en los jueces ante quienes se tendrá que apelar para aclarar estos asuntos legales. He visto sus maniobras durante los últimos diez años y me estremezco al pensar que el futuro de nuestras familias pueda depender de sus decisiones. Los hogares de nuestro país son demasiado importantes para arriesgarnos a que sean aniquilados en los tribunales federales. Todo aquello que amenace los fundamentos de la democracia debe ser visto con gran preocupación. Mi opinión no es popular, pero la sostengo con firmeza.

5

El problema de la rivalidad entre hermanos

En un libro reciente relaté un episodio que muestra muy bien algunas de las frustraciones de la crianza de los hijos. Sucedió cuando mi hijo Ryan tenía cuatro meses y mi esposa le estaba cambiando los pañales. Tan pronto se los quitó se orinó, mojando la pared y la sabanita sobre la cual estaba acostado. Shirley acababa de limpiar todo aquel desastre cuando sonó el teléfono, y mientras ella estaba contestándolo, Ryan sufrió un ataque de diarrea y ensució la cuna y todo lo que le rodeaba. Después que mi paciente mujercita lo bañó y limpió todo el piso, estaba cerca del agotamiento. Vistió a nuestro hijo, lo perfumó y lo apoyó sobre su hombro. En ese momento le vomitó el desayuno encima. Cuando regresé esa tarde de mi trabajo encontré a Shirley sentada en un rincón oscuro de la sala, rezongando entre dientes y moviendo la cabeza de un lado a otro.

Tal es el precio de tener hijos. Un padre describe a su hijo como "un grito en un extremo y suciedad en el otro". Pienso que es tiempo de que admitamos que ser madre o padre no sólo es uno de los gozos más grandes, sino que también representa un sacrificio y un desafío personal. Todo lo que vale la pena es costoso, y los niños no son la excepción a esa regla. Por otro lado, estoy convencido de que muchas de las frustraciones en la crianza de los niños son resultado de no planear, organizar y comprender los asuntos relacionados con la misma. Muy pocos problemas de esta labor son originales o únicos. Todos hemos experimentado dificultades similares. Lo que sí existe son mejores maneras para enfrentarse a ellas. Demos un vistazo entonces a dos de estos puntos de preocupación universal, en este capítulo y en el próximo.

Hermanos crueles y hermanas ásperas

Si se preguntara a las madres norteamericanas cuál es el problema más irritante en la crianza de los hijos estoy convencido de que unánimemente señalarían la rivalidad entre hermanos. Los niños pequeños —y los más grandecitos también—, no se contentan con odiarse secretamente. Se atacan los unos a los otros como pequeños guerreros, movilizan sus tropas y buscan sus puntos débiles. Discuten, golpean, patean, insultan, se lanzan los juguetes, se vituperan, chismean y sabotean las fuerzas enemigas. Sé de un niño que, profundamente resentido con su hermano mayor que seguía sano mientras él tenía que guardar cama a causa de un resfriado, ¡se sonó la nariz dentro de la boquilla del clarinete de su hermano sin que éste lo supiera! La gran perdedora en tales combates, por supuesto, resulta ser la madre que, agotada, tiene que soportar la gritería de los peleadores, y tratar luego de curar a los heridos. Si ella es de carácter que requiere paz y tranquilidad, y hay muchas mujeres que lo son, entonces puede derrumbarse bajo el fuego de la artillería.

La columnista Ann Landers recientemente les preguntó a sus lectoras: «Si hubiese sabido antes lo que sabe ahora, ¿hubiera tenido hijos? De las diez mil mujeres que respondieron, 70% dijo: «¡No!» Una encuesta posterior, realizada por la revista «Good Housekeeping» («Buen hogar» en español) hizo la misma pregunta y 95% de las entrevistadas respondió: «¡Sí» Es imposible explicar los resultados contradictorios de estas dos encuestas, pero tal vez los comentarios que las acompañaban nos pueden dar algo de luz. Una mujer escribió: «¿Podría tener hijos nuevamente? ¡No! Mil veces ¡no! Mis hijos han destruido mi vida, mi matrimonio y mi identidad como persona. No existe el gozo. Las oraciones no sirven de nada. No hay manera de callar a un niño que grita.»

Mi opinión es que algunas cosas callarán a un niño gritón, y hasta a una docena de ellos. No es necesario ni saludable permitir que los niños se destruyan los unos a los otros y hagan miserable la vida de los adultos que les rodean. La rivalidad entre hermanos es difícil de curar, pero puede ser tratada. Para procurar tal objetivo, permítame ofrecerle tres sugerencias que podrían ser útiles para lograr un armisticio en el hogar.

1. No provoque los celos naturales de los niños

La rivalidad entre hermanos no es algo nuevo, por supuesto. Fue responsable del primer asesinato registrado en la historia, cuando Caín mató a su hermano Abel. Y se ha hallado prácticamente en cada familia donde hay dos hijos o más, desde entonces y hasta nuestros días. La fuente principal de este conflicto se halla en los antiguos celos y la competencia entre los niños. Marguerite y Willard Beecher, escribiendo en su libro «Parents on the Run» («Padres apresurados»), expresan la inevitabilidad del problema así:

En otro tiempo se creía que si los padres podían explicar a un hijo que iba a tener un nuevo hermanito o hermanita, no sentiría resentimiento hacia él.

Se le decía que sus padres estaban tan contentos con él que querían aumentar la felicidad que sentían trayendo otro niño al hogar. Se suponía que de esta forma se evitaban los celos que causarían un espíritu de competencia y rivalidad. Pero no dio resultado. ¿Y por qué habría de darlo? Está de más decir que si un hombre le dijera a su esposa que la ama tanto que planea traer otra mujer al hogar para aumentar la felicidad que él siente, eso no impediría que ella sintiera celos. Al contrario, la pelea apenas estaría empezando. De la misma manera sucede con los hijos.

Si los celos son tan comunes, entonces, ¿cómo pueden los padres reducir el antagonismo natural que los niños sienten hacia sus hermanos? El primer paso es evitar las circunstancias que los comparen desfavorablemente a uno con el otro. El conferencista Bill Gothard ha dicho que el origen de todos los sentimientos de inferioridad es la comparación. Y yo estoy de acuerdo con él. La pregunta no es: «¿Qué tal lo hago?», sino «¿Qué tal lo hago en comparación con Juan, Esteban o Mariana?» El asunto no es saber lo rápido que puedo correr?», sino quién llega primero a la meta. A un no le importa cuán alto él es; está sumamente interesado en saber «quién es el más alto». Cada niño, en forma sistemática, se compara a sí mismo con sus compañeros, y es tremendamente sensible al fracaso dentro de su propia familia.

Por lo tanto, los padres deben tener cuidado de no hacer comparaciones que de manera habitual favorezcan a un hijo más que a otro. Esto es cierto particularmente en tres áreas.

Primero: los niños son extremadamente sensibles en el asunto del atractivo físico y las características corporales. Es peligrosísimo alabar a un niño a expensas de otro. Supongamos, por ejemplo, que Sara escucha casualmente la siguiente afirmación acerca de su hermana: «Beatriz será indudablemente una muchacha muy hermosa.» El simple hecho de que no se haya mencionado a Sara posiblemente hará que las dos hermanas se conviertan en rivales. Y si existe una diferencia significativa en cuanto a la belleza entre las dos puede estar seguro de que Sara ya ha llegado a la conclusión: «Sí. Yo soy la fea.» Cuando sus temores son confirmados de esta manera por sus padres, se generan el resentimiento y los celos.

La belleza es el factor más importante para la autoestima del niño, como lo expresé en mi libro «Criemos niños seguros de sí mismos». Cualquier cosa que los padres digan sobre este tema, que pudieran oírlo sus hijos, debería ser dicho muy cuidadosamente, porque tiene el poder de hacer que los hermanos y hermanas terminen odiándose.

Segundo: El asunto de la inteligencia debe tratarse con mucho cuidado. No es raro escuchar que los padres digan delante de sus hijos: «Creo que realmente el menor es más inteligente que su hermano.» A los adultos les resulta difícil comprender cuánto poder puede tener este tipo de afirmaciones sobre la mente de un niño. Aun cuando estos comentarios sean hechos sin intención y de una manera rutinaria, revelan cómo es «visto» por su familia. Y todos somos vulnerables a esa clase de evidencia.

Tercero, los niños (y especialmente los varones) son extremadamente competitivos cuando se trata de actividades atléticas. Los que son más lentos, menos fuertes y menos coordinados que sus hermanos, difícilmente aceptarán el quedar en «segundo lugar» con gracia y dignidad. Considere, por ejemplo, la siguiente nota que me dio la madre de dos niños. Fue escrita por su hijo de nueve años a su hermano de ocho, que le había ganado en una carrera ese día.

Querido Jaime:

Yo soy el mejor, y tú el peor. Yo puedo vencer a cualquiera en una carrera y tú no puedes ganarle a nadie. Yo soy el más inteligente y tú el más tonto. Yo soy el mejor deportista y tú el peor. Y, además, eres un cerdo. Yo puedo darte una paliza cuando quiera. Esto es cierto, y es el fin de la historia.

Sinceramente,

Ricardo»

Esta nota me parece cómica, pues Ricardo no ocultó muy bien sus motivos. Había sido humillado grandemente en el campo del honor, así que regresó a casa y le declaró la guerra a su hermano. Probablemente se pasará las próximas semanas buscando oportunidades para desquitarse de su hermano. Así es la naturaleza humana.

¿Sugiero acaso que los padres eliminen todos los aspectos de la individualidad dentro de la vida familiar o que se debe impedir la competencia sana? Definitivamente, no. Lo que quiero decir es que, en cuestiones relacionadas con la belleza, la inteligencia y las capacidades atléticas cada hijo debería saber que ante los ojos de sus padres él es respetado y tiene igual valor que sus hermanos. Los elogios y las críticas deberían ser distribuidas imparcialmente en el hogar, aunque algunos niños inevitablemente tendrán más éxito en el mundo exterior que otros. Y finalmente debemos recordar que los niños no edifican fortalezas alrededor de sus puntos fuertes, sino para proteger sus debilidades. Así que, cuando un niño como Ricardo comienza a jactarse y a atacar a sus hermanos, está revelando que se siente amenazado en ese momento. Nuestra sensibilidad a esas señales nos ayudará a disminuir el potencial de celos que existe dentro de nuestros hijos.

2. Establezca un sistema de justicia que sea práctico

La rivalidad entre hermanos es peor cuando en el hogar no existe un sistema razonable de justicia; donde los infractores de la ley no son detenidos o, si lo son, se les pone en libertad sin jamás enfrentarse a un juicio. Es importante comprender que las leyes de la sociedad han sido establecidas y se hacen cumplir con el propósito de proteger a las personas unas de otras. De igual manera, en la pequeña sociedad que es la familia se requiere protección para los derechos humanos.

A fin de ilustrar el asunto, imagínese que vivo en una comunidad donde no existen leyes establecidas. No hay policías ni tampoco tribunales en donde se puedan presentar los desacuerdos. Bajo tales circunstancias mi vecino y yo podríamos abusar el uno del otro impunemente. Él podría apoderarse de mi cortadora de césped y apedrear mis ventanas, a la vez que yo podría hurtar los duraznos de su árbol predilecto, o tirar basura en su patio. Este tipo de antagonismo mutuo va aumentando día a día y se va tornando más violento con el paso del tiempo. Cuando se permite que siga su curso natural, como en la primitiva historia de Estados Unidos, el resultado puede ser odio y asesinatos.

Como ya lo indiqué, al igual que las sociedades, las familias precisan de la ley y del orden. En ausencia de la justicia, como sucedería con los vecinos, los hermanos empiezan a atacarse unos a otros. El niño mayor es más grande y fuerte, lo que le permite oprimir a sus hermanos y hermanas menores. Pero el menor tampoco carece de armas. Le quebrará los juguetes más preciados a su opresor y le molestará cuando sus amigos le estén visitando. El odio mutuo surgirá como un volcán en erupción, que vierte su contenido destructivo sobre todos los que le rodean.

Sin embargo, cuando los hijos apelan a sus padres para que éstos intervengan, les dejan que se las arreglen entre ellos. En muchos hogares los padres no ejercen el suficiente control disciplinario para hacer cumplir sus órdenes. En otros, se encuentran tan exasperados por los constantes enfrentamientos entre hermanos que se niegan a intervenir. Algunos padres obligan a su hijo mayor a vivir tolerando la injusticia porque «tu hermanito es más pequeño que tú». Así le impiden defenderse de las maldades de su hermanito o hermanita. Y lo que es más común hoy: padres y madres están en el trabajo mientras que los niños se descuartizan unos a otros en la casa.

Se lo digo nuevamente a los padres: Una de las responsabilidades más importantes que ustedes tienen es la de establecer un sistema imparcial de justicia y un equilibrio del poder en el hogar. Deberían existir leyes que sean razonables y que se hagan cumplir igualmente para cada miembro de la familia. Con el propósito de ilustrar esto, permítame presentarle una lista de los límites y reglamentos que hemos utilizado a través de los años en nuestro propio hogar.

1. No permitimos que ninguno de nuestros hijos se burle del otro en forma destructiva. ¡Punto! Esta es una regla inflexible y sin excepciones.

2. La habitación de cada hijo es su territorio privado. Cada puerta tiene cerradura, y el privilegio de entrar puede ser revocado. Las familias que tienen más de un hijo por habitación pueden designar un espacio para cada uno.

3. El hijo mayor no tiene derecho a burlarse del menor.

4. El hijo menor no puede molestar al más grande.

5. Los hijos no están obligados a jugar juntos cuando prefieren estar solos o con otros amigos.

6. Los padres actuamos de mediadores en cualquier conflicto verdadero lo más pronto posible y tenemos cuidado de mostrarnos completamente imparciales y justos.

Como sucede con cualquier sistema de justicia, éste requiere:

- (1) respeto por el liderazgo de los padres.
- (2) disposición de los padres para intervenir.
- (3) hacer cumplir las reglas y algunas veces aplicar castigo. Cuando se cumple este plan con amor, el ambiente emocional del hogar puede cambiar de uno de odio a uno de tolerancia, por lo menos.

3. Reconozca que usted es el "objetivo" secreto de la rivalidad entre hermanos.

Sería ingenuo pasar por alto el verdadero significado del conflicto entre hermanos; a menudo representa una forma de manipular a los padres. Las pleitos proveen una oportunidad para que ambos niños «atraigan» la atención de los adultos. Se ha escrito que «algunos niños prefieren que los busquen como si fueran criminales a que no los busquen en absoluto.» Con este fin en mente, sin decirse una palabra, un par de niños insoportables pueden ponerse de acuerdo en molestar a sus padres hasta que se produzca una reacción, aunque sea una de enojo.

Un padre me contó que su hijo y su sobrino empezaron a discutir y a darse puñetazos. Ambos padres estaban cerca, pero decidieron dejar que la pelea siguiera su curso natural. Durante el primer descanso de la pelea uno de los niños miró de reojo a los hombres pasivos y dijo: «¿Es que nadie va a parar esto antes que nos lastimemos?» Obviamente, la pelea no era algo que los niños deseaban. Su combate violento estaba directamente relacionado con la presencia de los adultos, y todo habría sido distinto si los niños hubieran estado solos. A menudo los niños buscan atraer la atención de los padres y lograr su intervención actuando de esta manera.

Créalo o no, esta forma de rivalidad entre hermanos es la más fácil de controlar. Los padres simplemente tienen que impedir que este comportamiento produzca los resultados deseados por cada uno de los participantes. En vez de retorcerse las manos, llorar, suplicar o gritar (lo cual alienta la conducta incorrecta y hasta la empeora) el padre y la madre deberían enfrentarse al conflicto con dignidad y sin perder la calma.

Yo recomendaría que una versión del siguiente "discurso", modificado de acuerdo con la edad y las circunstancias, se use con los hijos que riñen constantemente en busca de la atención de los adultos: «Carlos y Tomás: quiero que se sienten un momento y me presten toda su atención. Ustedes saben que se han estado peleando toda la mañana. Tomás, destruiste el castillo que Carlos estaba construyendo, y Carlos, le tiraste de los pelos a Tomás. A cada rato he tenido que decirles que dejen de pelear. Bueno, no estoy enojado con ustedes porque todos los hermanos pelean así, pero les digo que estoy cansado de oírles. Tengo cosas importantes que hacer, y no puedo perder tiempo separando a un par de gatos que se arañan a cada momento.

«Ahora, escúchenme con atención: Si los dos quieren molestarse y amargarse la vida el uno al otro, háganlo (suponiendo que ninguno de los dos es más fuerte.) Vayan a pelear afuera hasta que se cansen. Pero ya no lo harán donde esté yo. ¡Se acabó! Y ya saben que cuando hablo así es en serio. ¿Nos entendemos?»

¿Se acabaría el conflicto con esta advertencia? Por supuesto que no, por lo menos no la primera vez. Sería necesario cumplir la promesa de «acción». Habiendo fijado claramente los límites actuaría de una manera decisiva en el mismo instante que los niños volvieran a pelearse. Si tuvieran habitaciones separadas podría encerrar a un niño en cada habitación por media hora de completo aburrimiento, sin radio ni televisión. O le obligaría a uno a limpiar el garaje y al otro a cortar el césped. O les mandaría a dormir la siesta. Mi propósito sería lograr que me tomaran en serio la próxima vez que les ofreciera una sugerencia para vivir en paz y tranquilidad.

Simplemente, no es necesario que permitamos a los niños que destruyan el gozo de vivir, como lo expresó la frustrada madre del artículo que mencioné anteriormente. Y lo más sorprendente es que los niños son más felices cuando los padres hacen cumplir estos límites razonables con amor y dignidad.

Preguntas y respuestas

Pregunta: **Estamos planeando cuidadosamente nuestra familia y queremos espaciar a nuestros hijos de una manera adecuada. ¿Hay una diferencia de edad ideal que producirá mayor armonía entre ellos?**

Respuesta: Los niños que tienen una diferencia de dos años de edad entre ellos, y que son del mismo sexo, probablemente sean más competitivos uno con el otro. Y por otra parte, también es probable que disfruten más del compañerismo mutuo. Si tienen a los niños con una separación de cuatro años o más, habrá menos intimidad entre ellos, pero por lo menos tendrán solamente a un niño en la universidad a la vez. Mi respuesta evasiva a su pregunta refleja mi prejuicio personal. Existen razones mucho más importantes para planear el nacimiento de un bebé que el asunto de la diferencia que deba existir entre ellos en cuanto a edad. Por ejemplo, es más importante considerar la salud de la madre, el deseo que la pareja tenga de otro hijo, la situación económica y la estabilidad del matrimonio. En mi opinión, la edad de los hermanos no es uno de los factores de mayor importancia.

Pregunta: **(Ha sido tomada de una carta que me envió una madre muy creativa.) Usted recomienda en sus libros titulados: «Atrévete a disciplinar» y «Criemos niños seguros de sí mismos», que usemos un sistema de recompensas monetarias para animar a nuestros hijos a aceptar nuevas responsabilidades. Tal sugerencia nos ha ayudado mucho y ahora nuestra familia está más tranquila. Sin embargo, tuve una idea para mejorar el sistema que ha producido resultados maravillosos con mis dos hijos de seis y ocho años. Para que ellos puedan ganarse un premio por lavarse los dientes, hacer sus camas, guardar su ropa, etcétera, los dos tienen que terminar las tareas que se les asignen. En otras palabras, les multo a ambos por cada falta y recompenso a los dos por el éxito mutuo. Se llenaron del espíritu de trabajar unidos para lograr la meta. Esto ha hecho que sean socios de negocios, en cierta manera. Pensé que usted se interesaría en este método.**

Respuesta: Esta madre ha hecho lo que espero que otros padres hagan: que utilicen mis consejos como puntos de partida para desarrollar sus propios métodos creativos. Mis ejemplos simplemente muestran que muchos de los padres que tienen éxito son los que encuentran soluciones singulares para los problemas rutinarios de la vida. La madre que escribió esta carta ha hecho esto de manera maravillosa.

Pregunta: **Usted se ha referido a los hijos que manipulan a sus padres. Por otra parte, ¿no están «manipulando» los padres a los hijos cuando usan recompensas y castigos?**

Respuesta: No más de lo que un supervisor manipula a sus empleados insistiéndoles que lleguen a las 8 de la mañana al trabajo. No más de lo que un policía manipula al conductor que va con exceso de velocidad, al entregarle una multa. No más de lo que una compañía de seguros "manipula" al mismo conductor al aumentarle su cuota. La palabra «manipulación» insinúa motivaciones siniestras o egoístas. Yo prefiero el término «liderazgo», porque tiene que ver con buscar lo mejor para todos los interesados aunque incluya consecuencias desagradables.

Pregunta: **Gracias por admitir que los niños pueden ser tremendamente frustrantes para sus padres. Me ayuda escuchar que otras madres han experimentado el mismo deseo de salir corriendo hasta encontrar un lugar tranquilo. Pienso que puedo hacer un mejor trabajo si sé que no soy la única mujer en el mundo que a veces se siente inadecuada para la tarea de criar a los niños.**

Respuesta: Recibo muchos comentarios similares al suyo de madres que han tenido problemas para enfrentarse a las responsabilidades del hogar. Una mujer dijo: «Finalmente pude juntarlo todo, ¡pero no me acuerdo dónde lo dejé!» Obviamente que vivimos en un período muy ocupado en la vida de nuestro país donde el cansancio y el tiempo apresurado son nuestros peores enemigos. Pero tratar de escaparse no es la mejor solución porque los problemas están dentro de nosotros, en vez de que nos sean impuestos de afuera. Siempre que oigo hablar en esa forma tan simplista de querer huir de los problemas, me acuerdo de un hombre que pensó que el mundo se iba a desintegrar en el año 1930. Así que empacó sus pertenencias y se fue al lugar más solitario que pudo encontrar en una pequeña y olvidada isla del Pacífico, llamada Guadalcanal. Y por supuesto, se despertó unos pocos años después con el hecho de que tenía la Segunda Guerra Mundial entablada en el mismo patio de su casa. Resulta difícil escaparnos de nuestros problemas en este mundo en el que habitamos, que cada vez se vuelve más pequeño.

Recibí una carta desesperada de una mujer que una noche se fue de su hogar huyendo de la intolerable frustración que sentía. Lea las palabras de esta madre que me escribió esta angustiosa llamada de socorro desde un hotel Holiday Inn, no identificado.

20 de agosto de 1976

Apreciado doctor Dobson:

Le estoy escribiendo desde un hotel, porque he «huido» de mi amante esposo, de mi hija de seis años y de mi hijo de cinco, mi hijita es una hermosa rubia de ojos celestes pero arma tales berrinches que me irrita hasta el punto de quebrantarme. El varoncito parece que llora las 24 horas del día. Necesito poder dormir una noche sin interrupciones.

Me he esforzado por ser una buena madre y esposa..., una buena vecina e hija de Dios. Me hubiera gustado cumplir con las responsabilidades familiares pero estoy completamente agotada. Me transformé en un monstruo la semana pasada. Le golpeé la cara a mi hija y le magullé un brazo de pegarle tan fuerte. Gritó y lloró tanto que quise morirme de culpa.

He venido aquí para hacer una revisión de qué es lo que anda mal en mí, pero no sé si puedo hacerlo. Siento que mis oraciones tardan mucho en ser contestadas o que cuando Dios las responde no puedo reconocer su contestación. Cuando estoy en casa no tengo tiempo ni para lavarme la boca, ni para orar acerca de la conducta de Ana, y de mis sentimientos de inferioridad como madre. Si le doy nalgadas me dice: "Eso ni siquiera me dolió", o me araña, me patea y me tira del cabello. Sin embargo, cuando la dejé anoche, se puso a llorar para que no me fuera aunque le aseguré que volvería.

Gastamos 100 dólares el mes pasado para asistir a cuatro sesiones de asesoramiento sobre técnicas para la crianza. Algunas cosas resultaron, pero otras fueron ineficaces ante la mala conducta de mis hijos. Ana era hostil y agresiva desde antes de nacer su hermanito. No puedo evitar el querer irme lejos de ella. Estuvo una semana recientemente con su abuela y fueron a Disneylandia. Y realmente me sentí culpable porque casi ni la extraña.

Acabo de hablar por teléfono con mi esposo y me dijo que Ana tiene un tremendo berrinche. Ella quiere buscarme y yo no quiero regresar: Quiero mucho a mi marido, pero he tenido muy poca oportunidad para demostrárselo; y he sido muy bendecida con tener un hijo y una hija, que siempre anhelé. El problema ahora es que no puedo resistir el "pánico rutinario" de nuestras vidas. El próximo jueves cumpliré 28 años. Por favor ayúdeme.
Señora de J. de S.»

Lamentablemente, esta señora no incluyó su dirección en la carta y no pude comunicarme con ella. A menudo me he preguntado si llegó a recibir la ayuda que desesperadamente necesitaba en ese lejano hotel.

Tal vez sea constructivo incluir otra carta que recibí en la misma semana que la anterior, y que expresa un tipo de desesperación un poco diferente. Viene de Oxford, Inglaterra, y la autora me dio permiso para citar sus palabras donde expresa gran frustración.

Apreciado doctor Dobson:
He leído su libro "Lo que las esposas desean que los maridos sepan sobre las mujeres", y me ha ayudado mucho. Es uno de los mejores libros que he leído. Pero, por favor, ¿por qué los autores como usted jamás escriben libros para personas como yo?

¿Por qué no escriben para las mujeres estériles; que desesperadamente esperamos un hijo propio pero que no podemos tenerlo? ¿Por qué no nos ayudan a sobrellevar este sentimiento de ser mujeres incompletas, a enfrentarnos con familiares y amigos que tienen bebés y están criando a sus hijos mientras que nosotras no tenemos nada; a enfrentarnos con la velada presión de la familia que exige que tengamos nietos para nuestros padres (lo cual nos gustaría mucho hacer si pudiéramos); a vencer la profunda y terrible depresión causada al finalmente haber quedado embarazada dos veces para sólo terminar perdiendo la criatura? Necesitamos ayuda para poder vivir el tiempo de Navidad, cuando todo gira alrededor de los niños, y se torna tan insoportable que el año pasado me tomé una sobredosis de drogas para tratar de huir de todo ello. Necesitamos ayuda para poder mirar al futuro con esperanza, cuando parece que hay tan poco que podemos planear o esperar con ilusión.

Sé que Cristo puede ayudarnos, pero ¿por qué no la gente? ¿Por qué nuestra sociedad da a entender que el matrimonio sin niños no está completo y así aumentan los sentimientos de culpabilidad y la infelicidad que sentimos?

¿Por qué las personas como usted nunca escriben libros para ayudar a las mujeres como nosotras?

Atentamente,

Señora R. de L.

Esta señora tiene toda la razón. El mundo parece estar preparado para los niños y para aquellos que los tienen. Y los que hemos recibido la bendición de ser padres deberíamos ser más sensibles a los sentimientos de mujeres como ésta que valoran la maternidad más que sus propias vidas. La bondad del ser humano podría hacer muchas cosas para aliviar su angustia si no estuviéramos tan ocupados pensando en nosotros mismos. Me gustaría poder juntar a la autora de la primera carta con la señora que escribió la segunda. Una conversación fascinadora (¿y útil?) se podría entablar entre ellas.

Pregunta: **Soy una madre soltera y estoy preocupada por mi hijo de siete años. No hay hombres que sean miembros de mi familia que vivan cerca, así que el niño está creciendo en un mundo de mujeres. Y también estoy interesada en la mejor manera de disciplinarlo. ¿Qué puedo hacer?**

Respuesta: Su pregunta toca un aspecto de la crianza de los hijos que va tomando incremento en Estados Unidos hoy en día. Hay un gran número de divorciadas o viudas, y también de hombres que tienen problemas con la labor de tener que criar a sus hijos ellos solos. La oficina de censos informó que las familias en las que solamente hay uno de los padres, y éste tiene menos de 34 años de edad, aumentaron 55% entre 1970 y 1973. El asunto continúa creciendo actualmente y sus efectos depresivos son difíciles de exagerar. Particularmente simpatizo con una madre soltera, como usted, que tiene que levantarse cada mañana, llevar a su niño a una guardería, trabajar ocho o nueve horas y luego tratar de satisfacer las necesidades físicas, emocionales y espirituales de sus hijos al terminar el día, cuando otras personas que también trabajan ya están descansando. ¡Esto es imposible de hacer! Algo va a quedar incompleto. Es simple que el cuerpo humano no cuenta con la energía suficiente para trabajar 18 horas por día, día tras día y año tras año. Y como su pregunta lo revela, las madres no son buenos padres, y los padres a menudo son pésimas madres.

¿Tengo acaso la solución mágica para el problema? No. La crianza de los hijos ha sido programada como una tarea de dos personas y cuando cae sobre los hombros de una sola es inevitable que surjan tremendas presiones. Puedo ofrecerle dos sugerencias, sin embargo, que pueden ser útiles con respecto al asunto de la identificación masculina que el niño precisa.

Lo primero que voy a sugerir requiere una pequeña cantidad de dinero pero creo que es una buena inversión. Le sugeriría que llame a la escuela secundaria más cercana y pida hablar con el consejero de los estudiantes de tercer o cuarto año. Explíquele su necesidad de «alquilar» un muchacho maduro y atlético que pueda sacar a su hijo al parque y le enseñe a patear una pelota, a preparar un anzuelo, o a volar una cometa. Dígale al consejero que le recomiende un muchacho estable que le guste ayudar a un niño de siete años de edad. Páguele de acuerdo con las horas que pase con su hijo. Pueden ser tres o cuatro horas cada sábado.

Resulta claro que es tarea de la iglesia ayudarle a usted con sus responsabilidades maternales. Este requisito está implícito en el mandamiento de Jesús que nos ordena amar y apoyar a todos aquellos que tienen necesidad. Jesús dijo:

> *En cuanto lo hicisteis a uno de estos mis hermanos más pequeños, a mí lo hicisteis.*

Mateo 25:40

Si Jesús dijo esto en serio, y seguro que es así, entonces nuestros esfuerzos para ayudar a un niño que no tiene a su padre o a su madre, es visto por el Maestro como un servicio que le hubiésemos hecho a Él.

Todavía hay un mandamiento más explícito para los cristianos: «Según Dios el Padre, ser cristiano puro y sin mancha es ocuparse de los huérfanos y de las viudas y mantenerse fiel al Señor.» (Santiago 1: 27)

Tal vez usted podría sacar una fotocopia de esta página del libro y enviársela al pastor de su iglesia preguntándole si conoce a un padre responsable que pudiera tomar en forma literal este mandamiento de las Escrituras.

Y en cuanto al extenso tema de la disciplina que debe aplicar un padre o una madre que está criando a sus hijos solo, permítame enfatizar que los principios que hemos presentado anteriormente son los mismos, aunque haya una situación familiar diferente. Los niños todavía necesitan disciplina, amor, estabilidad y oportunidades, tanto como si tuviese a los dos padres para dirigirle. Lo único que es característico del padre o de la madre sólo es que su tarea se vuelve mucho más difícil y exigente. (Tengo mis dudas si algún padre o madre sin pareja, necesita que yo le diga esto.)

Le voy a recomendar un libro que le puede proveer una ayuda adicional. Se titula «The Single Parent» («Los padres solos»), escrito por Virginia Watts y fue publicado por Fleming Revell en el año 1977. Este libro cristiano provee una perspectiva general de los problemas con que se debe enfrentar un padre o una madre solo, y ofrece sugerencias y ejemplos prácticos.

Pregunta: **¿Desearía usted comentar sobre las opiniones del doctor Haim Ginott, que escribió «Between Parent and Child» y «Between Parent and Teenager»? («Entre padres y niños» y «Entre padres y adolescentes»).**

Respuesta: El popular doctor Ginott tiene mucha elocuencia para enseñar a los padres a entenderse y comunicarse con sus hijos. Nadie ha escrito en forma más efectiva sobre este tema que él. Sin embargo, no creo que tuvo un conocimiento significativo de los principios de disciplina. Si usted revisa sus escritos y observa todas sus afirmaciones respecto a enseñarles a los hijos el respeto y la responsabilidad, encontrará que todas sus recomendaciones tienen una cierta tendencia a la permisividad. Considere los cuatro ejemplos que doy a continuación como ejemplo:

En referencia a los deberes escolares:

El doctor Ginott recomienda que los padres no asuman ninguna responsabilidad de supervisar las tareas escolares de los niños. Deben mantenerse apartados del asunto, aun si el niño elige desatender sus tareas y aceptar el fracaso innecesario. La única ocasión en la cual ellos podrían revisar los deberes escolares del hijo sería si este último les invitara a hacerlo.

En referencia a los quehaceres y responsabilidades hogareñas:

La opinión del doctor Ginott es que la asignación de quehaceres rutinarios en el hogar podría ejercer una influencia perjudicial en el desarrollo del carácter del niño. Mientras que esas obligaciones diarias podrían producir una casa y patios más limpios y contribuir a la obediencia, Ginott piensa que las consecuencias emocionales de estas labores son negativas. Aunque los niños adopten algún animalito, los padres deben tener la responsabilidad de su cuidado y limpieza.

En referencia al castigo corporal:

Como se podría predecir, Ginott considera que darle nalgadas a un hijo es un acto de violencia de parte de los padres. Piensa que esta forma de castigo les da a los niños una sensación de salvajismo y les enseña a golpear y abusar de otros. En lugar del castigo corporal, Ginott espera que los padres encuentren algunas salidas civilizadas para sus propias emociones incivilizadas.

En referencia al mal comportamiento en público:

Ginott dio un ejemplo de un niño que saltaba sobre el sofá cuando fueron de visita a la casa de la tía María. En una forma increíble Ginott recomienda que la madre ignore a su hijo dejando toda la disciplina en manos de la dueña de la casa. Él afirma que los niños obedecen más prontamente a los extraños que a sus padres y madres, a quienes se les debe relevar de la responsabilidad de tener que aplicar la disciplina a sus hijos mientras se encuentran en otros hogares.

En relación con este último ejemplo, ¿se imagina la escena? Pedrito está dando volteretas sobre el sofá nuevo de la tía mientras su madre está pasivamente sentada como si no se hubiese enterado de nada. La presión sanguínea de la tía asciende ya a los 220, pero es demasiado diplomática como para hacer lo que está pensando. Cuando finalmente explota, es capaz de echar a Pedrito y a su estoica mamá de la casa. El doctor Ginott no lo ve así. Afirma que el dueño de casa es quien tiene la responsabilidad de establecer las reglas y de obligarlas a cumplir en su hogar. Supongamos, como sugiere él, que tranquilamente la tía María agarra a Pedrito del cuello y lo sienta en una silla en un rincón. Entonces veríamos algunos dramáticos cambios de presión sanguínea en la mamá del niño. El único que realmente estaría muy fresco en ambas situaciones sería el pequeño maleducado que estaba usando el sofá como trampolín.

No. Desde mi punto de vista el doctor Ginott tiene una comprensión muy reducida de los principios de la disciplina. Sin embargo, su libro tiene valor en cuanto a otros asuntos.

6

El problema de la hiperactividad

Prestaremos atención ahora al frecuente problema de la hiperactividad, el cual resulta particularmente penoso para los padres. Una madre quejándose me dijo recientemente que su hijo en edad preescolar era como un avión humano, volando a toda velocidad durante cada hora del día. Mantenerlo quieto un instante es tan difícil como querer coser un botón en un huevo cocido. Simpatizo profundamente con ella. He visto niños parecidos durante el ejercicio de mi profesión que parecía que iban a destruir mi consultorio en una breve visita. Uno de estos niños tenía siete años y se llamaba Manuel. Sufría del síndrome de Down, que es una forma de retraso mental que originalmente se llamaba mongolismo. Este niño era terriblemente activo y literalmente «atacó» mis muebles tan pronto como entró al consultorio.

subió encima de mi escritorio, y tiró cuadros, archivos y pisapapeles. Luego tomó el teléfono y me lo puso al oído. Para hacerle una broma entablé conversación con un interlocutor imaginario, pero parece que Manuel tenía otras intenciones en mente, se bajó de mi escritorio de un salto, corrió a la oficina de otro sicólogo, que estaba al lado de la mía, insistiendo en que mi colega jugase el mismo juego. Los dos teléfonos compartían la misma extensión, y este pequeño de siete años había sido más astuto que dos «expertos» en el desarrollo de los niños. Allí nos encontramos hablando el uno con el otro, sin tener algo que decir que viniese al caso. Esa fue una experiencia humillante.

Un niño verdaderamente hiperactivo puede humillar a cualquier adulto, particularmente si los padres no entienden el trastorno que su hijo tiene. Por supuesto, su problema es pertinente al tema de este libro, en vista de que no hay ningún niño que tenga una voluntad más firme que aquellos cuya rebeldía y desobediencia tienen un origen orgánico o emocional. Consideremos la naturaleza de su dificultad de comportamiento, y luego ofreceré algunas sugerencias sobre la disciplina de los muchachos afectados por este problema. Quizás una serie de preguntas y respuestas servirán para presentar este tema más rápidamente.

¿Qué es la hiperactividad?

La hiperactividad, también llamada hipercinesia, disfunción cerebral mínima, trastorno de los impulsos, y por lo menos otros treinta términos, es definida como movimiento excesivo e incontrolable. Por lo general, incluye distracción, *inquietud* y poca capacidad de concentración. He enfatizado la palabra «incontrolable» porque los niños más seriamente afectados por este mal son totalmente incapaces de sentarse quietos en una silla, o de disminuir su nivel de actividad. Están impulsados por fuerzas internas que no pueden ni explicar ni disminuir.

¿Cuáles son las causas del fenómeno?

La hiperactividad a menudo aparece relacionada con un daño del sistema nervioso central, aunque puede ser también causada por tensión emocional y fatiga. Algunas autoridades creen que casi todos los niños que nacen en forma normal, es decir, que atraviesan el canal vaginal (no son extraídos por cesárea) probablemente sufran daño en los tejidos cerebrales durante el proceso del nacimiento. La diferencia entre pacientes que están seriamente afectados (los que tienen parálisis cerebral) y los que no tienen síntomas obvios, puede reflejar tres factores variables:

- (1) El lugar donde está localizado el daño.
- (2) Lo extenso que es el daño, y
- (3) La rapidez con que ocurrió el daño.

Así que es posible que algunos niños hiperactivos fueron afectados desde muy temprano por una interferencia cerebral no identificada, la cual no causó otros síntomas o problemas. Sin embargo, debo enfatizar que esta explicación es solamente especulativa y que los conocimientos médicos al respecto todavía son bastante incompletos.

¿Cómo es posible que un daño en el tejido cerebral cause hiperactividad en un niño?

Se conoce relativamente muy poco sobre el cerebro humano y su mal funcionamiento. Conocí un niño con un impedimento neurológico que podía leer las palabras: «Ve a cerrar la puerta» sin entender nada de la orden escrita. En cambio si se hacía una grabación mientras él leía: «Ve a cerrar la puerta», el niño podía escuchar la grabación de su propia voz y entender perfectamente las palabras. Otro paciente de un hospital mental era capaz de desarmar un televisor y repararlo, pero carecía del sentido común para asumir las responsabilidades de la vida diaria fuera del hospital. Otro hombre, herido en combate, sufría de la mala costumbre de decir todo lo que pensaba, y no podía dejar de hacerlo.

Expresaba sus pensamientos más íntimos para vergüenza de quien se hallara cerca de él.

Los trastornos cerebrales se manifiestan en formas muy variadas, incluyendo la actividad frenética de la hiperactividad. Nadie puede explicar exactamente por qué sucede, aparte del hecho obvio de que los mecanismos electroquímicos que controlan el movimiento corporal se han alterado, lo que produce un estímulo excesivo de los músculos.

¿Cómo pueden la ansiedad o los problemas emocionales causar hiperactividad?

Cuando los adultos se encuentran bajo tensiones o situaciones de ansiedad fuertes, esas tensiones internas se expresan típicamente en actividad física. Un padre, que está esperando a que su esposa termine de dar a luz, camina de un lado a otro en la sala de espera del hospital, o fuma un cigarrillo tras otro, o quizá le tiemblan las manos. Un entrenador de baloncesto golpeará y pateará el borde de la cancha mientras el resultado final se presente dudoso. Otra persona ansiosa se sentará tranquilamente en una silla, pero se comerá las uñas o moverá la mandíbula de un lado a otro. Lo que quiero decir es que la tensión hace aumentar los movimientos corporales en las personas adultas.

Cuánto más cierto es esto en un niño inmaduro. No se limitará a golpear con los dedos sobre la mesa cuando está nervioso, sino que tratará de treparse por las cortinas y caminar por el techo.

¿A qué edad se puede identificar el problema de la hiperactividad?

El niño extremadamente hiperactivo puede ser reconocido durante el tiempo en que comienza a andar. No puede pasar inadvertido. Cuando ha cumplido treinta meses de edad puede tener agotada a su madre, irritados a sus hermanos y sea la causa de que los abuelos hayan dejado de cuidarlo. Ningún miembro de la familia se salva de verse envuelto en el problema. En vez de cambiar a medida que crece, como lo ha prometido el médico, se enfrenta con el mundo dispuesto a desarmarlo. La doctora Domeena Renshaw describe uno de estos niños en su libro «The Hyperactive Child» («El niño hiperactivo»):

El paciente más joven que me han traído es un niño de año y medio que era el más pequeño de seis hermanos. El padre era un ingeniero civil. La madre, una mujer alegre y sensible, me dijo que el parto había sido normal pero muy rápido. El niño creció lentamente hasta los quince meses, cuando comenzó a correr sin haber gateado, y empezó a hablar en frases completas sin haber balbuceado ni una palabra. Desde entonces ha sido como tener "un huracán en casa, que arrastra todo lo que se le pone por delante". Se salía de su cuna por la mañana temprano, cuando tenía quince meses, y no se dormía hasta la medianoche. Su actividad era incesante. Se distraía muy fácilmente. Nunca veía televisión, y jamás se comía una comida completa sin levantarse y volver a sentarse una docena de veces. No tenía noción del peligro y sufrió dos fracturas al caerse dos veces del mismo árbol. Otras tres caídas similares terminaron solamente en lastimaduras. Sus compañeros de la misma edad, y también los mayorcitos, le consideran como un "pendenciero". Jamás ha reaccionado a premios ni a castigos.

Ya veremos más adelante lo que sucedía con este niño.

¿Existe una «hiperactividad normal»?

Por supuesto. No todos los niños que muestran señales de intranquilidad, se alteran y dan brincos son técnicamente «hiperactivos». La mayoría de los niños pequeños están activos desde que amanece hasta que anochece, al igual que sus madres.

¿Cómo puedo saber entonces si mi hijo es normalmente activo o verdaderamente hiperactivo? ¿Cómo puedo descubrir si su problema es el resultado de un trastorno emocional o físico?

Estas preguntas son difíciles de contestar, y pocos padres tienen el conocimiento necesario para resolverlas. El mejor recurso que usted tiene para evaluar el problema de su hijo es el pediatra o el médico de la familia. Y es posible que incluso él tenga que hacer conjeturas sobre el diagnóstico y la causa de su problema. Sin embargo, él puede hacer una evaluación médica completa, y luego enviarle a otros expertos para que le presten ayuda específica. Es posible que su hijo necesite la ayuda de un maestro que le coloque en el nivel de lectura en que debiera estar, o de un terapeuta del habla y de la audición, o de un sicólogo que puede evaluar sus capacidades intelectuales y de percepción, y aconsejar lo que se debe hacer. No trate de enfrentarse sola con un niño excesivamente activo si tienen a su disposición esta ayuda y consulta adicional.

¿Qué papel desempeña la alimentación?

El papel de la nutrición en el problema de la hiperactividad es un tema muy discutido y no me encuentro capacitado para resolverlo, así que sólo puedo ofrecer mi opinión personal sobre el asunto. Se le ha dicho al pueblo norteamericano que la hiperactividad es un resultado de los colorantes rojos artificiales en algunos alimentos, en el consumo de demasiada azúcar, en la falta de vitaminas, y muchas causas relacionadas unas con otras, que son resultado de una mala nutrición. No tengo la menor duda de que los hábitos alimenticios incorrectos pueden destruirnos y estar relacionados con el problema de la hiperactividad. Sin embargo, creo que muchos autores de libros sobre este tema, tratan de presentar sus opiniones como si fueran hechos comprobados. Todavía no tenemos muchas de las respuestas, lo que explica por qué tantos «expertos» en la materia están en fuerte desacuerdo entre ellos mismos.

Los nutricionistas a quienes más respeto son aquellos que consideran estas preguntas complejas de una manera prudente y científica. Y tengo mis serias sospechas de los «expertos» autonombrados que no tienen en cuenta las opiniones profesionales y le transmiten al público conclusiones que carecen de todo apoyo, y las cuales son rechazadas por sus propios colegas.

Tal vez lo que he dicho puede irritar a muchos padres que siguen los consejos de algún autor de libros sobre nutrición, que no cuenta con el respaldo de otros. Sólo puedo decir a esos padres: «Hagan lo que produzca resultados». Si su hijo está más tranquilo cuando come ciertos alimentos, entonces haga uso de su discernimiento y continúe con el régimen alimenticio que ha tenido éxito. Probablemente la opinión suya es tan buena como la mía.

¿Cuán común es la hiperactividad?

Los expertos no están de acuerdo en cuanto a la incidencia de la hiperactividad, pero parece que este trastorno afecta entre 6 y 10% de los niños menores de diez años de edad, y que hay cuatro veces más varones hiperactivos que niñas.

¿Cómo reaccionan los padres?

La madre de un niño hiperactivo regularmente sufre de un agotador conflicto mental. Por una parte, entiende el problema de su hijo y siente una compasión profunda y amor por él. No hay nada que ella no estaría dispuesta a hacer para ayudarlo. Pero por otra parte, resiente el caos que él ha traído a su propia vida. Juanito el superactivo derrama la leche, rompe los floreros, y se pasa el día entero al borde de causar un desastre. Avergüenza a su madre en público y muestra poco aprecio por los sacrificios que ella hace por él. Cuando llega la hora de acostarse, muchas veces ella se siente como si hubiese pasado todo el día luchando en una trinchera.

¿Qué sucede cuando el amor verdadero y el fuerte resentimiento chocan en la mente del padre o de la madre? El resultado inevitable es un enorme sentimiento de culpa que es terriblemente destructivo para la tranquilidad mental de la mujer y para su salud.

¿Con cuáles otros problemas se enfrenta el niño hiperactivo?

Por lo general, el niño que es exageradamente activo experimenta tres dificultades específicas, además de sus movimientos frenéticos. En primer lugar, es probable que tenga problemas sicológicos como resultado del rechazo de sus compañeros. Su nerviosa actividad no sólo irrita a los adultos, sino que también ahuyenta a sus amigos. Lo pueden catalogar de «creador de problemas» y de «irresponsable» en la escuela. Además sus reacciones emocionales son inestables e impredecibles, por lo que puede pasar de la risa a las lágrimas en cuestión de segundos, lo que hace que sus compañeros piensen que es raro. En resumen, fácilmente el niño hiperactivo puede ser víctima de los sentimientos de inferioridad y de los problemas emocionales que inevitablemente son generados por el rechazo y la baja autoestima.

Segundo, a menudo el niño hiperactivo tiene problemas de aprendizaje durante los años escolares. Le resulta difícil, si no imposible, permanecer sentado y concentrarse en la clase. Durante todo el tiempo de la escuela primaria su capacidad de concentración es tan poca que lo conduce a mal comportamiento y a distracciones mientras la maestra dicta la lección. Nunca puede saber de qué se trata el programa educativo, y sus frustrados maestros a menudo dicen que «anda en las nubes».

Pero existe otra dificultad académica que es muy común entre los niños hiperactivos: Tiene problemas de percepción visual. El niño puede tener una visión perfectamente normal y ser incapaz de «percibir» correctamente los símbolos y el material impreso. En otras palabras, sus ojos pueden ser perfectamente normales, pero su cerebro no procesa la señal como es debido. Esta clase de niño puede «ver» las letras y los números invertidos o deformados. Es difícil para él, sobre todo, aprender a leer y a escribir.

La lectura es una habilidad neurológica muy compleja. Exige el reconocimiento de símbolos, su transmisión al cerebro, donde deben ser interpretados, recordados, y tal vez expresados como lenguaje verbal. Cualquier ruptura en esta cadena funcional afectará el producto final. Además este proceso debe ocurrir lo suficientemente rápido como para permitir que las ideas fluyan constante y claramente desde el material escrito. Muchos niños hiperactivos sencillamente carecen del sistema neurológico para desarrollar esas habilidades, y están destinados a experimentar fracasos en la escuela primaria.

¿Cuáles son las soluciones al problema de la hiperactividad?

Hay muchos medicamentos que han probado ser eficaces para calmar al niño hiperactivo. En vista de que las características fisiológicas de cada niño son únicas, puede ser necesario que el médico tenga que «andar a la caza» del producto y la dosis adecuados. Permítame enfatizar que me opongo a que se le administre este tipo de medicinas a un niño que no las necesita. En algunos casos tales drogas se le dan a un niño simplemente porque sus padres o sus maestros prefieren tenerlos tranquilos, lo cual es inexcusable. Todos los medicamentos (aun la aspirina) tienen efectos secundarios que son indeseables y deberían ser administrados solamente después de un cuidadoso estudio y una seria evaluación. Sin embargo, si el niño muestra los síntomas mencionados anteriormente y ha sido examinado por un neurólogo u otro médico conocedor del problema, usted no debería dudar en aceptar la receta del medicamento apropiado. Cambios sorprendentes en la conducta pueden darse cuando se descubre la medicina apropiada para un niño en particular.

El niño hiperactivo descrito anteriormente, y que fue paciente de la doctora Renshaw fue tratado con dextroamfetamina, y se dieron los siguientes resultados:

> Al tercer día de tratamiento se acostó a dormir a las 8 de la noche, y en cuanto a la hora de la cena, comió con la familia escapándose de la mesa sólo dos veces. Ahora tiene seis años de edad, cursa normalmente su primer grado, y el médico lo sigue atendiendo cada tres meses.

¿Pero el uso prolongado de medicamentos no aumenta la posibilidad de que mi hijo se convierta en un drogadicto al llegar a la adolescencia?

La mayoría de los expertos creen que el uso de los medicamentos en la niñez no conduce necesariamente al abuso de las drogas más adelante. En 1971 un comité nombrado por el gobierno de Estados Unidos investigó el asunto. La conclusión de su investigación enfatizó que es apropiado el uso de medicamentos en el tratamiento de los niños hiperactivos. Algunos niños necesitan, y deben recibir, el tranquilizante adecuado para ellos.

¿Resuelven los medicamentos todos los problemas?

Regularmente no. Consideremos los tres síntomas principales, en relación con los medicamentos:

1. *Hiperactividad.* Cuando la medicina que se receta es la adecuada puede ser muy eficaz en normalizar la actividad motora del niño. El tratamiento resulta exitoso para controlar este síntoma.
2. *Dificultades sicológicas.* La medicación es menos eficaz para eliminar los problemas emocionales. Una vez que al niño se le ha «reducido la actividad», usted debe comenzar a ayudarle en el proceso de fortalecer su autoestima y que sea aceptado por la sociedad. La

administración de los medicamentos puede hacer que este objetivo se logre, pero por sí solos no erradican el problema.

3. *Problemas de percepción visual.* El uso de los medicamentos no tiene ningún valor para resolver la disfunción neurológica que interfiere en la percepción visual. Existen materiales de enseñanza que han demostrado ser muy útiles, incluyendo los que provee el Centro de Terapia Educacional Marianne Frostig, en los Estados Unidos. La doctora Frostig es una pionera en el campo de las dificultades de aprendizaje y ha provisto libros, películas y pruebas de evaluación que los maestros y profesionales entrenados pueden utilizar. Muchos distritos escolares en los Estados Unidos proveen clases especiales para los niños con dificultades de aprendizaje singulares, las cuales pueden ser de incalculable valor para el alumno que tiene deficiencias físicas o mentales.

Es obvio que la terapia con medicamentos no constituye el remedio total. El método farmacéutico debe combinarse con adaptaciones de los padres y alternativas educacionales, entre otras cosas.

¿Cómo pueden los padres «disciplinar» a un niño hiperactivo?

A menudo las personas se imaginan que a un niño excesivamente activo se le debe consentir o mimar, simplemente porque tiene un problema físico. Estoy en total desacuerdo. Todos los niños necesitan la seguridad de límites bien definidos, y el hiperactivo no es una excepción. Un niño así debe ser tan responsable por su conducta como cualquier otro miembro de la familia. Por supuesto, las cosas que se le exijan deben estar de acuerdo con sus propias limitaciones. Por ejemplo, a la mayoría de los niños se les puede castigar haciéndolos sentar en una silla, y exigiéndoles que se estén quietos, mientras que el niño hiperactivo no podría permanecer allí. Igualmente, algunas veces el castigo corporal no produce ningún resultado con esta clase de niño que se excita con facilidad, que es como un generador de electricidad. Como sucede con cada uno de los otros aspectos del trabajo de los padres, las medidas disciplinarias que se apliquen al niño hiperactivo deben adaptarse a sus características y necesidades extraordinarias.

¿Cómo se puede controlar a un niño que es así? ¿Qué consejo se les puede dar a los padres de un niño que tiene este problema? A continuación doy una lista de 18 sugerencias muy útiles, tomadas del libro de la doctora Renshaw, que he citado anteriormente.

1. Sean muy firmes y coherentes en cuanto a los reglamentos y la disciplina.

2. Hablen en voz suave y tranquila. El enojo es normal y se puede controlar. El enojo no significa que ustedes no aman a su hijo.

3. Traten de mantener sus emociones tranquilas al prepararse para la agitación que se espera. Reconozcan y respondan al comportamiento positivo del niño, por insignificante que sea. Si buscan cosas buenas, encontrarán unas cuantas.

4. Eviten un incesante vocabulario negativo: «No»; «Para», «No lo hagas», etcétera.

5. Hagan una separación entre el niño, a quien ustedes quieren, y la conducta de él que quizás no quieren. Ejemplo: «Yo te quiero, pero no quiero que dejes un rastro de lodo por toda la casa.»

6. Organicen una rutina clara para su niño. Hagan un horario en el que se indique la hora de levantarse, comer, jugar, ver televisión, estudiar, hacer deberes domésticos, acostarse a dormir, etcétera. Síganlo de una manera flexible aunque él lo altere. Lentamente el sistema de ustedes le impartirá confianza hasta que él desarrolle el suyo propio.

7. Cuando enfrente tareas nuevas o difíciles, ayúdenlo por medio de la acción y con explicaciones cortas, claras y tranquilas. Repitan la demostración hasta que la haya aprendido. El uso de la percepción audiovisual reforzará la enseñanza. Los rastros de memoria de un niño hiperactivo tardan más en formarse. Sea paciente. Repita las demostraciones.

8. Prueben con una habitación separada o una parte de una habitación para que sea su área especial. Eviten los colores brillantes o los adornos complejos en las paredes. La simplicidad, los colores sólidos, el que la habitación no esté llena de cosas, y una mesa de trabajo frente a una pared desnuda lejos de las distracciones, le ayudarán a concentrarse. Un niño hiperactivo todavía no puede evitar por sí mismo los estímulos excesivos.

9. Hagan una sola cosa a la vez: denle solamente un juguete; quiten de la mesa todo lo demás cuando está usando los lápices de colores; apaguen la televisión y la radio cuando está haciendo sus deberes escolares. Los estímulos múltiples impiden que él concentre su atención en lo que es su tarea principal.

10. Déle alguna responsabilidad, lo cual es esencial para su crecimiento. La tarea debe estar de acuerdo con su capacidad, y es posible que sea necesaria mucha supervisión. No deben olvidar el aceptar y reconocer los esfuerzos (aunque sean imperfectos) que él haga por realizarla.

11. Estén al tanto de las señales de peligro que él dé antes de explotar. Intervenga con tranquilidad para evitarlas, ya sea distrayéndolo o hablando calmadamente del problema. Es útil sacarlo de la zona de conflicto y llevarlo al refugio de su habitación.

12. Limiten los compañeros de juego a uno o dos a lo sumo, al mismo tiempo, porque así se excitará menos. Es mejor que jueguen en su hogar, así ustedes pueden disponer la forma en que van a jugar y proveer supervisión. Explíquenles a los compañeros las reglas del

juego, y brevemente díganles a sus padres las razones que ustedes tienen para las mismas.

13. No le tengan lástima al niño ni le hagan bromas; ni lo complazcan demasiado. Tampoco vayan a sentirse asustados por él. Su hijo tiene una condición especial del sistema nervioso que puede ser controlada.

14. Conozcan bien el nombre y la dosis de los medicamentos. Dénselos con regularidad. Observen y recuerden los efectos que le causan, para luego informarle al médico.

15. Hablen francamente con el médico sobre los temores que ustedes puedan tener en relación con el uso de los medicamentos.

16. Guarden los medicamentos bajo llave; así evitarán accidentes.

17. Siempre supervisen cuando el niño tome los medicamentos, aunque lo haya estado haciendo por muchos años. ¡La responsabilidad sigue siendo de los padres! Más adelante, cuando el niño sea mayor y más responsable, pueden ponerle su dosis diaria en un lugar determinado y supervisarlo regularmente.

18. Compartan con su maestro cualquier cosa que esté produciendo resultados. Las formas para ayudar a su hijo hiperactivo, que han sido mencionadas, son tan importantes para él como la dieta y la insulina para el niño diabético.

¿Cómo deberían reaccionar los padres ante los fracasos escolares?

Hablemos sobre el niño con dificultades de aprendizaje. ¿Cuál debería ser la actitud de los padres como respuesta al bajo rendimiento escolar? Obviamente, si fuera posible sería recomendable proveerle de ayuda por medio de clases particulares e instrucción especial. Además, recomiendo que no se haga énfasis en el hogar acerca de su necesidad de tener éxito en la escuela.

Exigirle a un niño que tiene problemas visuales que compita en la escuela, es como obligar a una víctima de poliomielitis a correr la carrera de 100 metros. Imagínese a los padres, esperando con desaprobación a su hijo lisiado, al final de la pista, regañándolo cuando llega a la meta cojeando, en último lugar.

«¿Por qué no corriste más rápido, hijo?», pregunta su mamá con disgusto.

«Yo creo que realmente no te importaba si ganabas o perdías», le dice el padre avergonzado.

¿Cómo puede este pequeño explicarles, si todavía ellos no lo han entendido, que sus piernas no pueden moverse tan rápidas como las de sus compañeros? Todo lo que sabe es que los otros corredores pasaron corriendo por su lado ante los gritos de entusiasmo de la multitud. Pero, ¿quién podría esperar que un niño lisiado fuera a ganar una carrera contra competidores sanos? Nadie, simplemente porque su desventaja es evidente. Cualquiera la puede notar.

Lamentablemente, el niño con dificultades para el aprendizaje no es tan bien comprendido. Sus fracasos en la escuela son más difíciles de comprender, y pueden ser atribuidos a la pereza, el mal comportamiento o el desafío voluntario. Por lo tanto, debe soportar presiones tremendas al exigírsele que haga lo que le resulta imposible. Y una de las más serias amenazas para la salud emocional ocurre cuando un niño se enfrenta con exigencias que no puede satisfacer.

Permítame resumir lo anterior en términos más concisos. Creo en la excelencia académica. Quiero exigir el máximo de cada gramo de potencial intelectual que un niño posea. No creo que sea correcto permitirle que se comporte de una manera irresponsable, simplemente porque no quiere estudiar. Sin ninguna duda, la disciplina educativa produce beneficios duraderos.

Pero, por otra parte, *la vida tiene cosas más importantes que la excelencia académica, y la autoestima es una de ellas.* Un niño puede sobrevivir, si es necesario, sin distinguir un sustantivo de un verbo. Pero si carece de cierta confianza en sí mismo y respeto de su persona, no tendrá ninguna oportunidad en la vida.

Deseo dejar bien claro mi convicción de que el niño que no está preparado para triunfar en el ambiente educativo tradicional, no es inferior a sus compañeros. Como ser humano posee el mismo grado de valor y dignidad que el joven intelectual más destacado. Es una tonta distorsión cultural la que nos hace evaluar a los niños de acuerdo con las habilidades y características físicas que puedan, o no, poseer.

Cada niño tiene el mismo valor ante los ojos de Dios, y eso me basta. Así que si mi hijo o mi hija no puede tener éxito en un ambiente determinado, simplemente le buscaremos otro. Cualquier padre que ame a sus hijos haría lo mismo.

¿Cuáles son las perspectivas en el futuro?

Quizá usted no sabe que pronto habrá solución. La maduración y los cambios glandulares relacionados con la pubertad, a menudo calman al joven hiperactivo entre los 12 y los 18 años de edad. Esto explica por qué rara vez vemos que los adultos saltan de sus sillas o ruedan por el piso. Pero para los padres agobiados que se pasan el día entero persiguiendo a un niño que no para de correr por toda la casa, puede que no sea de mucho consuelo el saber que la crisis sólo durará unos nueve años más.

Preguntas y respuestas

Pregunta: **¿Qué piensa usted de la frase: «A los niños deberíamos verlos, pero no escucharlos»?**

Respuesta: Esa frase revela una profunda ignorancia en cuanto a los niños y sus necesidades. No me explico cómo sería posible que un adulto que ame a los niños podría criar a un pequeño niño o niña vulnerable en base a esa filosofía. ¡Los niños son como los ríos, hay que dejarlos correr!

Pregunta: **Mi hijo, de seis años, ha sido un niño lleno de energía y muestra algunos de los síntomas que usted ha descrito. Tiene poca capacidad de concentración y salta de una actividad a otra. Lo llevé a un pediatra y me dijo que no tenía hiperactividad en el sentido técnico y que no deberían administrársele medicamentos para ese leve problema. Sin embargo, está comenzando a tener problemas de aprendizaje en la escuela porque no puede permanecer en su asiento y concentrarse en sus lecciones. ¿Qué debo hacer?**

Respuesta: Es probable que su hijo sea inmaduro en comparación con sus compañeros, y tal vez convenga que repita el primer grado el próximo año. Si cumple años entre el primero de diciembre y el primero de julio, le recomendaría que consulte con la oficina de asesoramiento estudiantil sobre esta posibilidad. Hacer que un niño inmaduro repita el kindergarten o el primer grado le puede dar una gran ventaja social y académica, a través del resto de los años de la escuela primaria. Sin embargo, es muy importante ayudarle a no quedar humillado ante sus compañeros. Si es posible, conviene cambiarlo de escuela, por lo menos un año, para evitarle preguntas vergonzosas y burlas de parte de sus compañeros.

Pregunta: **Mi hijo se orina en la cama. ¿Puede darme algún consejo para superar este problema? (Se trata del niño anterior.)**

Respuesta: El hecho de que su hijo tenga enuresis (el hábito de orinarse en la cama) confirma la sospecha de que es un niño inmaduro. Mojarse en la cama es a menudo parte del cuadro que usted describió anteriormente. No hay razón para preocuparse por este asunto. Cada niño tiene su propio tiempo de maduración y algunos no se apuran mucho. No obstante, la enuresis puede causarle problemas emocionales y sociales a un niño mayor. Sus compañeros pueden burlarse de él. Así que es prudente ayudarle a superar el problema lo más pronto posible. Le recomiendo que use un «zumbador eléctrico» que produce un pequeño zumbido cuando el niño se orina en la noche. Pienso que es efectivo cuando se usa adecuadamente con niños de cuatro años en adelante.

Este pequeño problema ocurre en muchos casos como resultado de un sueño muy profundo que le hace difícil, si no imposible, aprender a controlar la vejiga mientras duerme. Su mente no responde a las señales que generalmente despertarían a la persona que tiene el sueño más ligero. Lo bueno es que, en la mayoría de los casos, esta acción refleja puede ser condicionada a fin de que aun quien tenga el sueño «más pesado» se despierte.

El «zumbador eléctrico» produce un sonido muy irritante cuando el niño se orina en la cama. El niño debe despertar a uno de los padres, y éste debe meterlo en una bañera con agua tibia o salpicarle la cara con agua fría. Por supuesto, las dos cosas son desagradables, pero esenciales para el éxito del sistema. Se le debe advertir al niño que esto no es una forma de castigarlo por orinarse en la cama, sino que es necesario para ayudarle a romper con el hábito a fin de que pueda invitar a sus amiguitos a venir a dormir a casa, y él a su vez ir a los hogares de ellos. El agua fría despierta totalmente al niño y es una buena razón para que no desee repetir la experiencia. Es una forma de condicionamiento negativo, como el que se usa para romper con el hábito de fumar. Más adelante, la relajación inmediatamente anterior al momento en que se orina se relacionará con la desagradable sensación del zumbido y del agua fría. Cuando esta relación se establezca, se habrá logrado el control de la vejiga.

Este procedimiento puede tomar de cuatro a ocho semanas hasta alcanzar el éxito, pero en muchos casos se logra antes. Mi propio hijo se mantuvo seco la tercera noche que usamos este sistema. Como lo dice el manual de instrucciones del «zumbador» es innecesario privar al niño de tomar líquidos, levantarlo en la noche, castigarlo, etcétera. Ninguno de estos procedimientos típicos tiene poder sobre la mente inconsciente durante los profundos períodos de sueño. Parece que el zumbador sí.

Por favor, no crea que yo recibo comisión de los vendedores de tal artículo. Lo recomiendo simplemente porque resulta.

Pregunta: **¿Cómo se puede lograr que un niño se comporte cortés y responsablemente, cuando no presta atención a las instrucciones que se le dan una y otra vez?**

Respuesta: A los niños les gustan toda clase de juegos, especialmente si los adultos participan con ellos. Es muy posible convertir una situación de aprendizaje en una actividad divertida que «sensibilice» a toda la familia sobre el asunto que usted está tratando de enseñar. Si me perdona que dé otro ejemplo personal le contaré cómo mi esposa y yo enseñamos a nuestros hijos a colocarse las servilletas sobre las rodillas antes de comer. Por dos o tres años nosotros tratamos de recordárselo, pero no obtuvimos ningún resultado. Entonces lo convertimos en un juego familiar.

Ahora, si alguno de nosotros llega a comer un bocado sin antes haberse puesto la servilleta sobre las rodillas, se le exige que vaya a su habitación y cuente en voz alta hasta 25. Este juego es muy eficaz, aunque tiene algunos inconvenientes. Imagínese a Shirley o a mí en nuestra habitación contando hasta 25 mientras que nuestros niños se ríen. Ryan, en particular, nunca se olvida de la servilleta, y le gusta agarrarnos en un momento de descuido. Se sienta completamente quieto, y observa hasta que alguien toma el primer bocado. Entonces se da media vuelta, señala con el dedo al infractor y le grita «¡Te agarré!»

Para todos, los muchos objetivos de la crianza de los niños, que incluyen la enseñanza de la responsabilidad (en vez de vencer al desafío voluntario), esta clase de juego debería considerarse como el método preferido.

7

Evaluación del entrenamiento para ser padres eficientes

Las recomendaciones que ofrezco aquí reflejan claramente mi convicción de que la amorosa autoridad de los padres es saludable para los niños y para toda la familia. Este concepto ha sido aceptado con plena confianza a través de miles de años, pero ahora se cuestiona en algunos círculos profesionales. En realidad, toda la herencia judeocristiana en relación con la familia ha sido impugnada en la pasada década. Por lo tanto, el pueblo norteamericano se ha visto expuesto a las ideas más tontas que hayan surgido en la historia de la humanidad, incluyendo el matrimonio abierto, la teoría de «Dios está muerto», la nueva moralidad y el movimiento del unisexo, para mencionar unas pocas. Pero a la cabeza de las ideas estúpidas está la noción de que los corren peligro a raíz de la concienzuda dirección de los padres que les aman.

El primer libro publicado sobre este tema tan amplio fue escrito por el famoso educador John Holt. El señor Holt se volvió famoso por escribir «How Children Fail» («Cómo fracasan los niños»), que fue un éxito de librería. Luego, en 1974, produjo lo que yo considero como un desastre literario titulado «Escape from Childhood» («Escape de la infancia»). El diario «Los Ángeles Times» comenta así de este libro:

> En su último libro claramente aboga por el derrocamiento de la autoridad de los padres en todas las áreas de la vida. Promulga que los niños, a cualquier edad, deben tener el derecho a: tener experiencias sexuales, usar drogas, conducir automóviles, votar, ser propietarios, viajar, disponer de ingresos garantizados, elegir sus tutores, controlar su propio aprendizaje y ejercer responsabilidades legales y financieras.
>
> En resumen, Holt propone que los padres renuncien a la posición de protectores que han ejercido sobre los hijos en ésta y otras naciones durante cientos de años, y que los dejen confiar en sí mismos para elegir el momento en que deseen incorporarse a la vida exterior.

¿No les parece que eso es una tontería? ¿Se imagina a una niña de seis años conduciendo su propio automóvil hacia la oficina de bienes raíces donde ella y sus socios preescolares discutirán sobre la adquisición de una nueva propiedad, mientras se toman una o dos copitas? ¿Se imagina a un padre y a una madre despidiendo llorosos a su hijito de cinco años que ha decidido empaquetar sus ositos de peluche e irse a vivir con otras personas? ¿Nos habremos vuelto locos de remate? ¡Renuncie a su posición de protector entonces!

Permítame repetir que estas recomendaciones no fueron escritas por un chiflado desconocido que habita en un mundo de ilusiones. Son sugerencias filosóficas de uno de los más conocidos educadores norteamericanos. Y todavía puede ser más sorprendente la recepción que han tenido muchas de estas revolucionarias ideas del señor Holt. El «Times» transcribe sus propias palabras refiriéndose a la respuesta del público:

> Por extraño que parezca, el capítulo sobre el consumo de bebidas alcohólicas, el uso de drogas y permitirles a los jóvenes que hagan cualquiera de las cosas que hacen las personas mayores, además de manejar su propia vida sexual, no ha sido tan criticado como yo esperaba... La comprensión y respuesta positiva de los lectores ha sobrepasado los puntos de vista opuestos u hostiles.

Las ideas de John Holt son compartidas por otros que «abogan por el derrocamiento de la autoridad de los padres en todas las áreas de la vida». Un sicólogo llamado Richard Farson ha escrito un libro titulado «Birth Rights: A Bill of Rights for Children» («Derechos de nacimiento: Declaración de los derechos del niño»). Estos hombres son los promotores de un movimiento al cual el diario «Los Ángeles Times» llamó «La marcha en pro de los derechos del niño». Y sus escritos han inspirado una agresiva campaña en Washington y en los cuerpos legislativos de varios estados para implantar los objetivos del vigoroso movimiento.

Un ejemplo más razonable y menos extremo de esta filosofía en contra de la autoridad ha sido incorporado en un programa titulado: «Entrenamiento para ser padres eficientes». Su creador, el doctor Thomas Gordon, es tal vez el consejero de padres más influyente en Estados Unidos actualmente. Hay más de 8.000 clases que se llevan a cabo a través de todo el país, cada una promoviendo las técnicas del doctor Gordon para la crianza de los hijos con fervor misionero. Más de 250.000 padres han tomado el curso, lo que llevó al diario «New York Times» a llamarle «un movimiento nacional». Además, muchos cristianos han participado en los cursos y algunas iglesias han patrocinado las sesiones de entrenamiento para sus laicos.

En vista del impacto del programa del doctor Gordon, será útil examinar su filosofía y sus recomendaciones a la luz de los valores cristianos tradicionales:

Ni se gana ni se pierde

El aspecto más efectivo del programa de Gordon tiene que ver con la enseñanza de la habilidad para escuchar correctamente. El doctor Gordon reconoce que muchos padres fracasan en comprender lo que sus hijos les quieren decir. Oyen las palabras, por supuesto, pero no disciernen el verdadero significado de lo que los niños les quieren transmitir. La capacidad de escuchar correctamente es algo valioso que todos los padres deberían aprender. Recomiendo con entusiasmo esta parte del programa del doctor Gordon.

Pero la esencia de la filosofía de este plan se expresa en una manera de actuar en la que «ni se gana ni se pierde» en la relación entre padres e hijos. De acuerdo con este sistema, las soluciones para los conflictos deben buscarse entre aquellas que sean aceptables para ambas partes. Permítame explicar el asunto recurriendo a un ejemplo del doctor Gordon que describe a una niña de cinco años llamada Beatriz, a la que no le gusta vestirse en la mañana. Aunque su madre la despierta con bastante tiempo ella se pone a jugar y pierde tiempo, haciendo que las actividades de toda la familia se atrasen. La madre podría gritarle a Beatriz, castigarla por atrasarse o premiarla por estar lista a tiempo. Sin embargo, la mamá discute el asunto con la niña y trata de llegar a una solución que sea conveniente para ambas. Durante la conversación Beatriz revela que no le gusta la escuela y que más bien desearía «quedarse en casa y jugar con mami». Finalmente, la madre y la hija se ponen de acuerdo en que si ella está lista a tiempo cada mañana, pasarán dos horas juntas divirtiéndose después de la escuela en vez de que la niña duerma su siesta acostumbrada. De esta manera desarrollan un plan de acción que teóricamente desembocará en que la niña se levante y se vista rápidamente cada mañana (lo que quería la madre) y tenga un rato de esparcimiento todas las tardes (lo que Beatriz deseaba). Así que ninguna «ganó» nada ni tampoco «perdió» a expensas de la otra. Estoy de acuerdo en que muchas veces es apropiado recurrir al acuerdo mutuo y a la negociación entre padres e hijos. Juanito puede descansar o dormir la siesta y quedarse levantado hasta tarde para ver en la noche un programa de televisión infantil. La mamá puede ofrecerle a su hijo llevarlo al partido de fútbol, si él se compromete a mantener su habitación limpia y ordenada. Por supuesto, hay lugar para la negociación entre los seres humanos, ya sean padres e hijos, marido y mujer, o Henry Kissinger y los árabes. Y cuando esto ocurre, el objetivo es que ninguno de los negociadores ni «gane» ni «pierda».

Mi preocupación en cuanto a este método no es el uso de la mesa de negociaciones cuando la situación lo requiere. Más bien es el rechazo que el doctor Gordon hace de la autoridad de los padres. Veamos la siguiente cita de uno de sus escritos:

La obstinada persistencia en la idea de que los padres deben y pueden usar la autoridad en la dirección de sus hijos, en mi opinión, impidió durante siglos cualquier cambio o mejoramiento importante en la forma como los niños son criados por los padres y tratados por los adultos.

Los niños rechazan a aquellos que tienen poder sobre ellos. No desean que sus padres traten de limitar o modificar su conducta haciendo uso de su autoridad o amenazándolos con usarla. En resumen, los niños desean ser ellos mismos quienes limiten su propia conducta, si les parece que debe ser limitada o modificada. Los niños como los adultos, prefieren ser ellos mismos la autoridad sobre su propia conducta.

Mi convicción es que a medida que más personas comiencen a entender el poder y la autoridad de una manera más completa y acepten su uso como algo carente de ética, más padres ... se verán obligados a buscar métodos creativos sin el uso del poder, que todos los adultos puedan usar con los niños y los jóvenes.

Estas críticas a la autoridad son también evidentes en los libros que el doctor Gordon recomienda personalmente. Dos de los autores, cuyos libros incluye como lecturas suplementarias, son John Holt y Richard Farson, a quienes mencioné anteriormente. Del libro de Farson, «Birth Rights» («Derechos de nacimiento», Gordon escribe:

Este libro puede ayudar a los padres a establecer una nueva manera de ver su papel a fin de librarles de la culpa relacionada con su responsabilidad total por los valores y el comportamiento de sus hijos.

Creo que tales puntos de vista en contra de la autoridad, están en completa contradicción con las enseñanzas de las Escrituras. Veamos 1 Timoteo 3:4-5 que dice:

Que gobierne bien su casa [refiriéndose al padre], que tenga a sus hijos en sujeción con toda honestidad.

Y Colosenses 3:20 que expresa a la joven generación este principio divino:

Hijos, obedeced a vuestros padres en todo, porque esto agrada al Señor.

No encuentro ni un versículo en la Biblia donde los hijos aparezcan sentados a la mesa de conferencias con sus padres para negociar lo que aceptarán y lo que rechazarán de ellos.

¿Por qué la Biblia respalda fuertemente la autoridad de los padres? ¿Apoya acaso los caprichos de adultos opresivos y hambrientos de poder, como parecería sugerir Gordon? ¡No! ¡El liderazgo de los padres ocupa un lugar importantísimo en el desarrollo de los niños! Al someterse a la amorosa autoridad o liderazgo de sus padres, el niño aprende a someterse a otras formas de autoridad con las que se enfrentará más tarde en la vida. La forma en que él ve el liderazgo de sus padres marca la pauta para sus futuras relaciones con sus maestros, directores de escuela, policía, vecinos y patrones. Estas formas de autoridad, son necesarias para las relaciones humanas saludables. Donde no hay respeto por la autoridad existen la anarquía, el caos y la confusión para todos.

Existe una razón, aun más importante, para la preservación de la autoridad en el hogar: al someterse al liderazgo amoroso de sus padres, el niño está aprendiendo a someterse al bondadoso liderazgo de Dios. Se sabe muy bien que los niños identifican a sus padres con Dios, sin importar que ellos quieran o no ese papel. Muchos niños «ven» a Dios en la misma forma como perciben a sus padres terrenales y, en menor grado, a sus madres. Tuvimos un buen ejemplo de este hecho en nuestro hogar cuando el pequeño Ryan tenía dos años. Desde que era un bebé había visto a su padre, madre y hermana «dar gracias» antes de comer los alimentos, cosa que siempre hacemos agradeciendo a Dios por ellos. Pero a causa de su edad nunca le habíamos pedido que nos dirigiera en la oración. En una ocasión, cuando yo estaba ausente, Shirley sirvió los alimentos en la mesa y espontáneamente miró a Ryan diciéndole: «¿Te gustaría dar gracias por nuestra comida de hoy, Ryan?» La inesperada petición le sorprendió. Miró alrededor nerviosamente, juntó sus pequeñas manos y dijo: «Yo te amo, papi. Amén.»

Cuando regresé a casa y me contaron la oración de Ryan, me di cuenta de que realmente mi hijo me había confundido con Dios. Y lo confieso, ¡no deseaba que hubiese sido así! Apreciaba su pensamiento, pero me sentía incómodo por todas sus implicaciones. Es un trabajo demasiado grande y difícil para un padre común y corriente. Habrá momentos cuando defraudaré a mi hijo; momentos cuando me hallaré demasiado cansado para ser lo que él necesita de mí; momentos cuando mis fragilidades humanas saldrán a la luz. Ya ha habido ocasiones en las que no he podido satisfacer sus expectativas. Y a medida que crezca, mayor será la brecha entre lo que soy y lo que él piensa que debo ser. No. No deseo representar a Dios delante de mis hijos. Pero, gústeme o no, ellos me han asignado esa posición y los hijos suyos han hecho lo mismo con usted. El Creador nos ha dado a los padres la tremenda responsabilidad de representarlo delante de nuestros hijos. Así que debemos reflejar a la nueva generación los dos aspectos de la naturaleza divina. Primero, nuestro Padre celestial es un Dios de amor ilimitado, y nuestros hijos deben llegar a conocer su misericordia y ternura a través del amor que les demostramos. Pero no se equivoque: ¡Nuestro Dios también posee una autoridad majestuosa! Dios dirige el universo y exige que sus hijos le obedezcan. Les ha advertido que «la paga del pecado es muerte». Mostrarles a nuestros pequeños hijos amor sin autoridad es distorsionar la naturaleza de Dios tan seriamente como ejercer una autoridad de hierro sin amor.

Desde esta perspectiva entonces, es irrazonable pensar que un niño que sólo ha «negociado» con sus padres y maestros ha estado aprendiendo a someterse a la autoridad del Todopoderoso. Y considero que este hecho es irrefutable. Si se le enseña a un niño a no respetar la autoridad de sus padres en forma sistemática desde la más tierna infancia; a burlarse de su dirección; a ser insolente y desobedecer sus instrucciones; o a ejercer de manera excesiva su propia voluntad desde pequeño; si todo esto sucede, es bastante improbable que ese niño, cuando sea un joven de 20 años le diga a Dios humildemente: «¡Heme aquí, envíame a mí!» Debo repetirlo: un niño aprende a someterse a la autoridad de Dios cuando primero ha aprendido a someterse (no a negociar) a la dirección de sus padres. ¡Y la aplicación literal de las ideas de Gordon invalida esa experiencia!

Pero ¿qué quiere decir el apóstol Pablo en su primera carta a Timoteo cuando habla de «gobernar bien su casa» y tener «a sus hijos en sujeción»? ¿Les da esto el derecho a los padres de ser ásperos y crueles con sus hijos, sin tener en cuenta sus sentimientos, e infundiéndoles miedo y ansiedad? ¡Por supuesto que no! Permítame referirme nuevamente a Efesios 6:4 que nos dice claramente cuál es la manera correcta de disciplinar:

> *Y en cuanto a ustedes, padres, no estén siempre rega-*
> *ñando y castigando a sus hijos, con lo cual pueden*
> *provocar en ellos ira y resentimientos. Más bien,*
> *críenlos en amorosa disciplina cristiana, mediante*
> *sugerencias y consejos piadosos.*

(La Biblia al Día).

Mientras que Gordon y sus aliados hablan con desprecio del uso del «poder» por parte de los padres, la Biblia respalda fuerte y contundentemente el lugar del liderazgo amoroso que ellos deben asumir en la crianza de sus hijos. ¡Obligado a elegir entre las dos alternativas, me quedo con la inmutable y eterna Palabra de Dios!

No sólo me preocupa la opinión de Gordon acerca de la autoridad, sino que también me molestan otros dos aspectos de su filosofía que han hallado amplio eco en círculos no cristianos:

1. *Los niños son básicamente "buenos", pero se corrom-*
   pen por las malas relaciones con los padres y con
   otros miembros de la sociedad.

Gordon expresó este concepto optimista cuando apareció en el programa de televisión de Mike Douglas en enero de 1976. Además, reveló esa perspectiva en su libro. Sobre la tendencia a mentir, por ejemplo, escribe:

Aunque los niños mienten bastante porque muchos padres confían excesivamente en los premios y los castigos, creo firmemente que la tendencia a mentir no es algo innato en los niños. Es algo aprendido...

Quisiera que esta evaluación que Gordon ha hecho de la naturaleza humana fuera correcta. Pero, de nuevo, contradice el enfoque de las Escrituras. Jeremías 17:9 escribió:

> *Engañoso es el corazón, más que todas las cosas, y*
> *perverso; ¿quién lo conocerá?*

El profundo conocimiento de Jeremías de la naturaleza humana es comprobado por la sórdida historia de la humanidad. Los antecedentes de nuestra civilización están manchados por el asesinato la guerra, el robo, la violencia y el pillaje, desde los tiempos de Adán hasta hoy. Seguramente, durante estos miles de años tiene que haber existido por lo menos una generación cuyos padres hicieron bien las cosas. Sin embargo, la codicia, la lujuria y el egoísmo nos han caracterizado siempre. ¿Es evidente esta misma naturaleza en los niños? El rey David así lo pensaba, cuando confesó:

En pecado me concibió mi madre.

Salmo 51:5

¿Qué diferencia significativa representa la distinción entre estos dos puntos de vista acerca de los niños? Prácticamente tal diferencia se refleja en cada cosa. Los padres que creen que por naturaleza sus hijos están llenos de bondad y alegría, se sienten tentados a hacerse a un lado y dejar que sus agradables naturalezas se revelen. Por otra parte, los padres que reconocen la inevitable guerra interna entre el bien y el mal, harán todo lo posible por influir en las decisiones de sus hijos, moldear su voluntad y proveerles un sólido fundamento espiritual. Estos padres reconocen los peligros del desafío voluntario, como dice en 1 Samuel 15:23:

Porque como pecado de adivinación es la rebelión, y como ídolos e idolatría la obstinación.

Mi libro entero es un producto del enfoque bíblico sobre la naturaleza humana. Típicamente no somos buenos, amorosos, generosos y sumisos a Dios. Nuestra tendencia es hacia el egoísmo, la obstinación y el pecado. Todos somos «niños de voluntad firme» delante de Dios. Jesús, el único ser humano sin pecado, mostró su naturaleza libre de toda maldad cuando dijo en el huerto de Getsemaní: «No se haga mi voluntad, sino la tuya.» Así que los padres cristianos esperan conducir su hijo a Cristo, el único que lo puede limpiar de su rebelión. Esta es una antigua explicación de la naturaleza humana y suena muy poco científica, pero la Biblia lo dice, y yo lo creo. Veamos ahora el otro punto de los escritos de Gordon.

2. *No tenemos ningún derecho ni obligación, como padres, de inculcar nuestros valores, actitudes y creencias en nuestros hijos.*

Hace algunos años, esta tonta idea podría haberse ganado el desprecio y el desdén universal, sin embargo, Gordon ataca la sabiduría de los tiempos sin ninguna vacilación. Escribe así:

El problema es quién debe decidir qué es lo que más le conviene a la sociedad. ¿El niño? ¿El padre? ¿Quién sabe qué es lo mejor? Estas son preguntas difíciles y puede ser peligroso dejar que sean los padres quienes decidan. Tal vez no sean lo suficientemente sabios para decidir.

Comprendo al doctor Gordon en cuanto a su desconfianza de la sabiduría humana. Yo también tendría dudas si no tuviera una guía o norma sobre la cual basar mis decisiones y determinaciones como padre. Sin embargo, el padre y la madre cristianos no necesitan «apoyarse en su propia prudencia», ya que tienen acceso a toda la sabiduría de Dios. El Creador del cielo, de la tierra y de los niños pequeños ha compartido su conocimiento con nosotros, en la forma de verdades eternas. Es más: Él inspiró a Salomón a escribir el libro de los Proverbios, en el cual se nos exhorta:

Instruye al niño en su camino, y aun cuando fuere viejo no se apartará de él.

Proverbios 22:6

Me parece a mí, considerando los fundamentos de este programa de Thomas Gordon, que él no extrae sus preceptos e inspiración de la misma interpretación de los principios bíblicos de los cuales yo dependo. De hecho, me inclino a ver su sistema como uno más de entre todas las recientes tendencias del campo de la sicología que abiertamente contradicen la ética judeocristiana. Estas tradiciones, que han sido honradas a través de varios siglos, de repente son difamadas hoy en día.

Un comentario final

Porciones de lo dicho aquí fueron publicadas primero por los editores de la revista «Moody Monthly» que me pidieron que escribiera este artículo. Habiendo considerado mis opiniones anteriores creo que no he enfatizado suficientemente los aspectos benéficos del programa de Thomas Gordon. Ningún programa es perfecto ni provee toda la información y tal vez sería injusto mencionar sólo sus errores. Estas sesiones ofrecen buenas sugerencias en el área de las habilidades auditivas, en el uso de la negociación entre padres e hijos, y en el cultivo de la tolerancia de parte de los padres. Además, hay pocas alternativas disponibles para los padres que buscan entender a sus niños y mantenerlos sanos.

No obstante, opino que las fallas de la filosofía de Thomas Gordon superan los beneficios que pueda ofrecer. Las repito:

1. El hecho de que no comprende el lugar apropiado de la autoridad en el hogar.

2. Su punto de vista humanístico que enseña que los niños nacen «buenos» y que aprenden a hacer lo malo.

3. Su tendencia a debilitar la intención de los padres de sistemáticamente inculcar en sus hijos principios espirituales, durante los años de la infancia que son los más receptivos.

Al considerar todas estas cosas, no les recomendaría a los padres cristianos que participen en este programa, a menos que estén prevenidos contra las contradicciones y deficiencias que he señalado.

Preguntas y respuestas

Pregunta: **A menudo el doctor Gordon usa el ejemplo de un niño que puso los pies sobre un mueble costoso de la sala. Sus padres se enojaron por esto y le ordenaron que quitara sus zapatos sucios de la silla o la mesa. Gordon muestra entonces cómo esos mismos padres hubieran sido mucho más educados si un amigo adulto hubiera cometido la misma indiscreción. Quizá le hubieran pedido muy cortésmente que quitara sus zapatos de encima del mueble, pero de ninguna manera habrían sentido la necesidad de disciplinar o criticar al visitante adulto. Entonces el doctor Gordon pregunta: «¿Es que los niños no son personas también? ¿Por qué no les tratamos con el mismo respeto que tratamos a nuestros amigos adultos?» ¿Podría usted comentar sobre este ejemplo?**

Respuesta: He oído al doctor Gordon relatar el mismo ejemplo, y creo que contiene tanto verdad como distorsión. Si el énfasis es que necesitamos mostrar bondad y respeto cuando tratamos a nuestros hijos, estoy de acuerdo. No obstante, igualar a un niño con un visitante adulto es un error de razonamiento. Yo no tengo ninguna responsabilidad de enseñarles cortesía y buenas costumbres a mis invitados; pero tengo la obligación de hacerlo con mis hijos. Además, este ejemplo insinúa que los niños y los adultos piensan y actúan idénticamente, y tienen las mismas necesidades. Y no es así. Como ya dijimos, a menudo un niño se porta ofensivamente con el propósito de someter a prueba el valor de sus padres. Desea que ellos le establezcan límites firmes. En comparación, un invitado que pone los pies sobre la mesa de centro actúa más bien por ignorancia o falta de sensibilidad.

Pero lo más importante es que este ejemplo hábilmente cambia la definición de la relación tradicional entre padres e hijos. En vez de asumir la responsabilidad directa de instruir, enseñar y dirigir al niño, mamá y papá se han convertido en personas iguales a él, que cautelosamente sólo pueden esperar que su independiente y pequeño «invitado» entienda poco a poco cómo debe comportarse.

No. Nuestros hijos no son invitados casuales en nuestro hogar. Nos han sido prestados temporalmente para que los amemos e inculquemos en ellos una serie de valores fundamentales sobre los cuales puedan edificar sus vidas futuras. Y tendremos que rendir cuentas en la eternidad por la manera en que llevemos a cabo esta responsabilidad.

Pregunta: **Usted se ha referido al uso «adecuado» de la autoridad en comparación con el poder absoluto de los padres. El doctor Gordon usa estos conceptos en forma intercambiable en su programa de entrenamiento. ¿Existe alguna diferencia? Y si la hay, ¿cuál es?**

Respuesta: Está en lo correcto cuando dice que Thomas Gordon usa conceptos sinónimos en su programa. Veamos las siguientes citas:

> Probablemente, la actitud más frecuente sobre el poder y la autoridad expresada por los padres en las clases de entrenamiento es que se justifica a causa de la responsabilidad de los padres...

> Mi propia convicción es que mucha gente comienza a entender el poder y la autoridad en forma más completa y a aceptar su uso como carente de ética...

> Los niños no desean que sus padres traten de limitar o modificar su conducta por el uso o la amenaza de la autoridad. [No dijo "poder"; él se opone al uso de la autoridad, lo cual percibe como sinónimo de poder.]

VEAMOS ESTA OTRA:

El uso de la autoridad de los padres (o el poder) que puede ser efectivo bajo ciertas condiciones es muy ineficaz bajo otras. [El paréntesis es de Gordon, no mío.]

Hay por lo menos otras veinte referencias en las cuales el doctor Gordon oculta la distinción entre el poder y la autoridad. Asumo que él ve a toda autoridad como una forma de opresión carente de ética. En realidad, él declara este punto de vista en la segunda cita de arriba.

En mi opinión, los dos conceptos son tan diferentes como el odio y el amor. El poder de los padres puede ser definido como una forma hostil de manipulación cuyo fin es satisfacer los propósitos egoístas de los adultos. Y como tal, no hace caso de los intereses del niño, los cuales pisotea, y produce una relación de temor e intimidación. Los instructores de ejercicios en la Infantería de Marina son bien conocidos por depender de esta clase de poder para adoctrinar a sus atribulados reclutas.

En contraste, la autoridad apropiada se puede definir como «liderazgo amoroso». Sin personas que tomen las decisiones y otros que estén dispuestos a seguirlas reinaría el caos inevitable, la confusión y el desorden en las relaciones entre los seres humanos. La autoridad ejercida con amor es lo que mantiene unido al orden social, y es absolutamente necesaria para el saludable funcionamiento de la familia.

Hay ocasiones en las que le digo a mi hijo: «Ryan, estás cansado porque te acostaste muy tarde anoche. Ve a lavarte los dientes y ponte tu pijama.» Mis palabras pueden sonar como una sugerencia, pero Ryan sería prudente al recordar quién se las está diciendo. Si esto es el «poder» de los padres, de acuerdo con la definición del doctor Gordon, entonces que así sea. No siempre tengo tiempo para negociar, ni debo sentirme obligado a llegar a ciertos compromisos para solucionar determinados problemas. Tengo la autoridad para hacer lo que pienso que es mejor para Ryan, y hay ocasiones cuando no espero que negociemos, sino que él obedezca. Y como ya dije, el ir aprendiendo a someterse a mi dirección amorosa es un excelente entrenamiento para su posterior sumisión a la amorosa autoridad de Dios. Y todo esto es muy diferente del uso del poder malintencionado y hostil, como resultado del hecho de que yo puedo más que él.

Pregunta: **¿Qué opina usted de la sugerencia que hace Gordon de que al comunicarnos, nos enfoquemos a nosotros mismos en lugar de enfocar a la otra persona?**

Respuesta: Existe una verdad sustancial en la idea. Los mensajes en los que se concentre la atención en mí, pueden servir para expresarle a la otra persona que deseo que cambie o mejor sin necesidad de ser ofensivo. «Diana, me avergüenza que los vecinos vean tu habitación desordenada. Desearía que la arreglaras», en contraste, un mensaje que enfoca a la otra persona suele atacarla y ponerla a la defensiva. «¿Por qué no mantienes tus cosas en orden? ¡Ayúdame, Diana, cada día te vuelves más desordenada e irresponsable». Estoy de acuerdo con el doctor Gordon en que el primer método de comunicación es regularmente mejor que el segundo, y hay sabiduría en recomendarlo.

Sin embargo, supongamos que llevo a mi hijo de cuatro años al supermercado donde quiebra todos los reglamentos que conoce. Arma un gran escándalo porque no quiero comprarle un globo, golpea a la hija de otro comprador, y agarra un puñado de chicles de la estantería. Cuando logro sacarlo del supermercado es muy posible que mi lindo hijo escuche algo como: «Cuando *tú* llegues a casa, jovencito, *tú* vas a recibir unas cuantas nalgadas.»

Vuelvo a repetir, desde mi perspectiva, hay ocasiones en la vida de un padre o una madre cuando no habla como un igual o un compañero o un amigo, sino que habla con *autoridad*. Y bajo esas circunstancias serán más apropiados los mensajes dirigidos a la persona en lugar de una expresión de frustración personal.

Pregunta: **El doctor Gordon dice que los padres no pueden saber qué es lo mejor para sus hijos. ¿Diría usted que se pueden tomar decisiones importantes sobre el comportamiento de los hijos con una confianza inquebrantable? Y, en definitiva, ¿cómo sabe usted que está haciendo lo mejor para ellos?**

Respuesta: Seguramente cometeré errores. No puedo ocultar mis debilidades humanas, y ocasionalmente mis hijos serán víctimas de estas imperfecciones. Pero no puedo abandonar mi responsabilidad de proveer liderazgo, simplemente porque carezco de sabiduría y comprensión infinitas. Además, poseo más experiencia y una mejor perspectiva, en las cuales puedo basar mis decisiones, que las que poseen mi hijos en este momento. Ya he recorrido el camino por el que ellos están yendo.

Tal vez un ejemplo común sirva de ilustración. Mi hija tiene un hámster domesticado que siente pasión por la libertad. Cada noche se pasa un buen rato mordiendo las barras de metal de la jaula, y tratando de sacar la cabeza a través de la puerta. Recientemente estuve sentado observando los esfuerzos que hacía por escaparse. Pero yo no era el único que estaba observándolo. Sentado en las sombras, a pocos metros, estaba el viejo Sigmund, nuestro perro, con sus orejas levantadas, su mirada de reojo, y su lengua jadeante, que revelaban sus pensamientos siniestros. Estaba pensando: «¡Sal, niño, logra la libertad! Quiebra los barrotes, y ¡te daré una emoción que nunca has experimentado!» Qué interesante, pensé, que el deseo más grande de aquel hámster le podría acarrear una muerte violenta e instantánea si tuviera el infortunio de realizarlo. Simplemente, carecía de la perspectiva para darse cuenta de la insensatez de sus deseos. La aplicación a la experiencia humana fue demasiado evidente para mí, y moví la cabeza de un lado a otro, silenciosamente, mientras el drama del animalito me comunicaba una importante enseñanza. Hay ocasiones en las que los deseos de nuestros hijos podrían ser perjudiciales o desastrosos si les fueran concedidos. Ellos quisieran acostarse a dormir a la medianoche, no hacer los deberes escolares y quedarse viendo la televisión, o comerse docenas de helados de chocolate. Y años más tarde, tal vez no se den cuenta del peligro del abuso de las drogas y de las relaciones sexuales fuera del matrimonio, así como de una vida de diversión y juegos continuos. Al igual que el hámster de mi hija, carecen de la perspectiva para captar los peligros que se esconden en las sombras. Lamentablemente, muchos jóvenes son «devorados» antes que ni siquiera sepan la gravedad del error fatal que han cometido.

Entonces, mis pensamiento fueron más lejos todavía. Pensé en mi propia relación con Dios y las peticiones que le hago personalmente en oración. Me pregunté cuántas veces le he pedido que abra la puerta de mi «jaula» sin apreciar la seguridad que la misma me proveía. Y decidí aceptar sus respuestas negativas con mayor sumisión en el futuro.

Volviendo a la pregunta, permítame repetir que mis decisiones respecto a la conducta de mis hijos no reflejan una sabiduría infinita. Sin embargo, proceden de mi amor por ellos y de un profundo deseo de hacer mi labor como padre lo mejor que puedo. Aparte de eso, cada día le encomiendo a Dios el resultado final.

Pregunta: **Usted dio a entender, anteriormente, que los niños no pueden aceptar el amor hasta que han probado la fuerza y el valor de sus líderes. ¿Por qué cree usted que sucede esto?**

Respuesta: No lo sé. Pero cada maestro de escuela puede verificar el hecho de que el respeto a la autoridad debe preceder a la aceptación del amor. Los maestros que quieren mostrar amor antes de poner en práctica la disciplina, tendrán problemas. Hacer eso no produce resultados. (¡Por eso recomiendo, medio en serio y medio en broma, que los maestros no les sonrían a los alumnos, por lo menos, hasta la mitad del año escolar!)

Tal vez la experiencia más frustrante de toda mi carrera profesional ocurrió cuando fui invitado a dar una conferencia ante un grupo de universitarios que estaban estudiando para ser maestros. La mayoría de estos hombres y mujeres estaban en su último año de estudios, y muy pronto estarían enseñando en sus propias aulas. Me sentí afligido al darme cuenta de que yo era incapaz de convencer a estos jóvenes idealistas de la veracidad del principio descrito más arriba. Realmente creían que podrían brindar amor y ganarse al instante el respeto de aquellos rebeldes que le habían hecho la guerra a todo el mundo. Sentí compasión por estos nuevos maestros que muy pronto se encontrarían solos y llenos de temor en las junglas de las escuelas de los barrios pobres de la ciudad. Sin duda, estaban destinados a que su «amor» fuese rechazado. *Simplemente, los estudiantes no pueden aceptar el amor de un maestro hasta que sepan que el que se lo está brindando es digno de su respeto.*

Espero no sorprender al lector si digo que creo tanto en la autoridad en el salón de clases como en el hogar. Cuando la autoridad falta, los maestros temen al director, éste teme al inspector, aquél teme a sus superiores, la dirección de escuelas teme a los padres, los padres temen a los hijos, y ya sabemos: ¡los muchachos tienen miedo de cualquiera!

Aunque técnicamente no me encuentro capacitado para extender este principio al área de la teología, compartiré mi opinión personal. Estoy profundamente convencido de que la relación del hombre con Dios refleja el mismo fenómeno.

Tenemos que comprender la grandeza de su majestad y autoridad, e incluso de su ira, para luego poder comprender la profundidad de su amor expresado a través de la vida y la muerte de Jesús. Por eso es lógico que él nos dio el contenido del Antiguo Testamento, antes que el del Nuevo.

Pocas cosas me preocupan tanto, como cristiano laico, que los ministros enfaticen una de estas dos verdades divinas, el amor y la justicia, excluyendo la otra. Aquellos que se concentran sólo en el juicio de Dios y en su ira están presentando una imagen distorsionada del Señor. Él es también un

Dios de infinito amor. Pero la distorsión más común se da en el extremo opuesto. Algunos presentan a Dios como un «abuelito bueno» que hace la vista gorda ante el pecado y pasa por alto la desobediencia de sus hijos. En ningún versículo de la Biblia se encuentra una descripción como esta.

Aunque parezca contradictorio, aquellos ministros que señalan sólo el amor de Dios, imposibilitan que sus oyentes comprendan ese amor. Mire, sin una comprensión de la justicia del Creador y de nuestra obligación de servirle, y su promesa de castigar a los rebeldes, la muerte de Jesús en la cruz no tendría ninguna importancia. Él murió para proveer un remedio para el pecado. Y si alguien no comprende esta enfermedad, este mal, entonces no necesitará ser curado.

Del mismo modo, la penicilina no es más que una sustancia pegajosa hasta que entendemos el significado de las infecciones bacterianas. Sólo cuando uno comprende la forma en que la bacteria puede destruir el organismo humano entonces acepta el antibiótico como un «remedio milagroso». Y me parece que muchos pastores les dicen a sus congregaciones que Dios les ama, pero le impiden una verdadera comprensión de su don redentor más maravilloso.

Así que pienso que algunos pastores que «eliminan» los temas poco populares de la Biblia están perjudicando a sus congregaciones, y tal vez están cediendo a la cobardía. Alguien escribió: «No siempre el silencio es oro; a veces es cobardía.» Estoy completamente de acuerdo.

Pregunta. **¿Podría comentar sobre los métodos de disciplina que se utilizan en algunas iglesias? Nuestro programa tiende a ser muy desordenado, y necesitamos regularlo. ¿Qué sugeriría usted?**

Respuesta: Tal vez la mejor respuesta que puedo darle es citando la transcripción de lo que se dijo en un reciente seminario sobre la vida familiar.

Pastor Dobson: Lo he escuchado expresar algunas críticas de las iglesias cristianas y en especial en referencia a

la disciplina y al comportamiento en la escuela dominical. Usted debe repetirlo aquí.

Doctor Dobson: Bien, mi convicción es que la iglesia
debe respaldar a la familia en sus intentos de poner en
práctica los principios bíblicos en el hogar. Esto es
especialmente cierto en relación con la enseñanza del
respeto a la autoridad. No vivimos en una época fácil
para los padres, porque la autoridad se ha debilitado de
manera drástica en nuestra sociedad. Por lo tanto, los
padres que están intentando enseñarles a sus hijos el
respeto y la responsabilidad, como la Biblia lo ordena,
necesitan toda la ayuda que puedan obtener, sobre
todo de la iglesia.

Pero en mi opinión, la iglesia fracasa miserablemente
en este punto. No hay otro aspecto de la misión de la
iglesia que yo vea más débil o más ineficaz que la
disciplina en la escuela dominical. Los padres, que han
tenido problemas para mantener la disciplina, el orden
y el respeto durante toda la semana, envían a sus hijos
el domingo por la mañana a la iglesia, y ¿qué sucede?
Se les permite tirarse los borradores, dispararse bolitas
de papel y columpiarse de las lámparas. Y esto me
molesta. No me refiero a ninguna denominación en
particular. He visto que esto sucede en casi todas. En
realidad, creo que en mi época, yo también fui uno de
esos "tiradores de borradores".

Pastor Dobson: ¿Cuál cree usted que sea la razón de
que en nuestras escuelas dominicales haya tan poca
disciplina?

Doctor Dobson: Los maestros son voluntarios que tal
vez no saben cómo manejar a los niños. Pero lo que es
más importante, tienen temor de irritar a padres demasiado sensibles. No creen que tienen el derecho de
enseñar a los niños a respetar la casa de Dios. Si
trataran de hacerlo, quizá la mamá se enojaría y toda la
familia se iría de la iglesia.

Doctor Cunningham: Y muy probablemente se irían. Ése es el problema. La gente es muy sensible cuando se trata de sus niños. Vengo de una atmósfera permisiva en el sistema de escuelas públicas de Chicago donde le está prohibido por ley al maestro siquiera tocar un niño, y la misma restricción existe para la policía. He visto a niños en esta ciudad pararse delante del policía e insultarlo y si se atreve a hacer algo, le amenazan con demandarlo. Todo el mundo tiene tanto miedo de las demandas, que no se atreve a reprimir o castigar a los hijos de otras personas.

Doctor Dobson: Por supuesto, no estoy recomendando que se castigue corporalmente a los niños en la escuela dominical. Pero existen formas de mantener el orden entre los niños, una vez que decidimos que es importante hacerlo. Sesiones de entrenamiento pueden ayudar a que los maestros hagan mejor su trabajo. Los pastores pueden respaldar a los que trabajan en la escuela dominical, etcétera. Lo que me preocupa es que parece que no estamos de acuerdo en que la disciplina tiene su lugar en la escuela dominical. En la ausencia de la misma, el caos que se produce como resultado es un insulto a Dios y al significado de la adoración. Uno no puede hacer nada bien en medio de una atmósfera de confusión. No se puede enseñar a alumnos que no le escuchan.

Doctor Cunningham: Estoy completamente de acuerdo con usted. Estamos tratando de insistir en la disciplina y en la obediencia en nuestra propia escuela dominical. Y no pienso que vamos a perder familias por hacerlo. Estamos obligados a tratar con algunos niños en formas más creativas y significativas, como lo hacen las escuelas públicas. Tal vez saquemos a un niño de la clase, o le asignemos un maestro especial hasta que vaya mejorando. Yo no quisiera tener que decirle a ningún niño: "No puedes volver más a la escuela dominical". Por el contrario, trataremos de adaptarlo. Decimos: "Tenemos supremo interés en este niño; haremos todo lo que sea necesario para tratar de comunicarle la Palabra de Dios. Así que, padres, deseamos que sepan los esfuerzos que estamos haciendo para instruir a su hijo. Esperamos que ustedes nos apoyen. Amamos a este niño y deseamos lo mejor para él. Así que cuando no necesite más esta experiencia, lo reincorporaremos a la clase.

Dr. Dobson: Estoy de acuerdo con usted doctor Cunningham.»

8

El adolescente de voluntad firme

¿Hay alguno que no lo sea?

Hemos llegado a la puerta de la adolescencia. El tiempo de la vida que comienza con un grano en la cara y termina con una barba. Esos años de coqueteo cuando las muchachas empiezan a maquillarse y los muchachos a hacer toda clase de cosas para verse mejor. Supongo que es una etapa emocionante en la que se deja atrás la infancia, pero no me gustaría dar traspiés a través de ella otra vez, y estoy seguro de que usted tampoco. Los adultos recordamos muy bien los temores, las burlas y las lágrimas que representaron nuestra propia juventud tumultuosa. Tal vez por eso los padres comienzan a temblar cuando sus hijos se aproximan a los años de la adolescencia. (¿No ha sabido del nuevo reloj de pulsera creado especialmente para los preocupados padres

de adolescentes? Después de las once de la noche retuerce las
manecillas cada quince minutos.)

Sería un gran error suponer que yo tengo respuestas
inmediatas para cada problema que deja perplejos a los padres de los jóvenes. Reconozco mis propias limitaciones y
voluntariamente admito que muchas veces es más fácil escribir sobre la agitación de la adolescencia que hacerle frente en
la vida real. Cuando soy tentado a sentirme muy importante
y volverme autoritario acerca de este tema o de cualquier otro,
recuerdo lo que la mamá ballena le dijo a su bebé: «¡Cuando
llegues hasta arriba y comiences a hacer mucho ruido, entonces serás arponeada!» Con este consejo en mente, permítame
que humildemente le ofrezca algunas sugerencias que pueden
ser útiles para enfrentarse con el adolescente de voluntad
firme.

1. *El adolescente necesita desesperadamente que se le*
respete. ¡Trátelo con respeto!

El período del comienzo de la adolescencia es típicamente un tiempo doloroso de la vida, que se distingue por rápidos
cambios físicos y emocionales. Esta dificultad característica
fue expresada por un muchacho de unos trece años, al que le
habían pedido en la escuela que recitara las históricas palabras de Patrick Henry en una fiesta de celebración del bicen-
tenario de la independencia de los Estados Unidos.Pero cuando el nervioso joven se paró delante de todo el auditorio,
compuesto de los padres de los alumnos, lo único que atinó a
decir fue: «¡Dadme la pubertad o dadme la muerte!» Su
declaración no es tan ridícula como parece. Muchos adolescentes creen que sinceramente deben elegir entre esas dos
alternativas dudosas.

Las edades de 13 y 14 años son, por lo general, los 24
meses más difíciles de la vida. Durante este período la inseguridad personal y los sentimientos de inferioridad alcanzan
niveles muy altos, además de todas las otras grandes presiones sociales que el joven debe experimentar. El valor

del adolescente, como ser humano, depende de manera insegura de la aceptación de sus compañeros, la cual es evidentemente inconstante.

Así que pequeñas evidencias de haber hecho el ridículo o de sentirse rechazados son magnificadas como algo de gran importancia por aquel que ya se ha visto a sí mismo como tonto y fracasado. Es difícil exagerar la magnitud del impacto producido por no tener con quién sentarse en un viaje en el autobús de la escuela, o no ser invitado a un acontecimiento importante, o ser objeto de las burlas de los muchachos que son más populares, o despertarse en la mañana para encontrar que tiene siete nuevos granos brillándole en la frente, o ser abofeteado por la muchacha a la que creía que él le gustaba tanto a ella como ella le gustaba a él. Algunos muchachos y muchachas se enfrentan continuamente con esta clase de catástrofe social, durante todo el tiempo de la adolescencia. Y nunca olvidarán estas experiencias.

La autoestima del que se encuentra en los primeros años de la adolescencia también se ve atacada en nuestra cultura por causa de la condición legal y social de la juventud. Todos los privilegios y los vicios de los adultos, que son muy anunciados, están prohibidos para él porque todavía es «demasiado joven». No puede manejar, casarse, beber alcohol, fumar, trabajar o irse de casa. Y sus deseos sexuales no pueden ser satisfechos, en un momento cuando lo están pidiendo a gritos. Lo único que se le permite hacer es ir a la escuela y leer los aburridos libros de texto. Por supuesto, lo anterior es una exageración, pero expresa el punto de vista del muchacho o la muchacha que se siente privado de derechos e insultado por la sociedad. Y mucha de la ira que hoy siente la juventud se produce porque perciben esta «injusticia».

El doctor Urie Bronfenbrenner, eminente autoridad sobre el desarrollo infantil, ha señalado el período del comienzo de la adolescencia como los años más destructivos de la vida. Él expresó su preocupación en una entrevista grabada con Susan Byrne, que después fue publicada en la revista «Psychology Today» de mayo de 1977.

En este artículo, el doctor Bronfenbrenner mencionó una ocasión en la que, durante una audiencia del Senado de los Estados Unidos, le pidieron que indicara cuáles son los años más críticos en el desarrollo de un niño. Él sabía que los senadores esperaban que destacara la importancia de la experiencia preescolar, reflejando la opinión popular de que todas las cosas verdaderamente importantes se aprenden durante los primeros seis años de vida.

Sin embargo, Bronfenbrenner dijo que nunca había podido confirmar esa suposición. Estuvo de acuerdo con que los años preescolares son vitales, pero que igualmente lo es cualquier otra fase de la infancia. En realidad, le dijo a la comisión del Senado que los primeros años de la adolescencia son tal vez los más críticos para el desarrollo de la salud mental del niño. Es durante ese período de desconfianza en sí mismo que la personalidad es atacada con frecuencia y dañada de manera irreparable. Por lo tanto, dijo Bronfenbrenner, no es extraño que al entrar a esa edad los niños sean sanos y felices y al salir de ella, dos años más tarde, sean jóvenes quebrantados y desilusionados.

Estoy completamente de acuerdo con la opinión de Bronfenbrenner. Los adolescentes son brutales los unos con los otros. Atacan y destrozan al más débil en igual forma que una manada de lobos matan y devoran a un indefenso corderito. Pocos acontecimientos provocan más mi justa indignación que ver que a un niño vulnerable, recién salido de la mano del Creador, en el comienzo de su vida, le enseñen a odiarse a sí mismo, a despreciar su propio cuerpo y a desear no haber nacido jamás. Estoy decidido a colaborar con estos muchachos y muchachas que necesitan desesperadamente un amigo durante este período de profunda inseguridad acerca de sí mismos.

No sólo recuerdo los conflictos emocionales del comienzo de mi propia adolescencia, sino que desde entonces he tenido bastantes oportunidades de observar este período de conflicto en la vida de otros. Tuve el privilegio de enseñar en escuelas públicas desde 1960 hasta 1963, y dos de esos años provechosos estuve a cargo de adolescentes. Dicté clases de ciencias y matemáticas durante todo el día a una tropa de 225 muchachos revoltosos. Lo cierto es que aprendí mucho más de ellos que lo que ellos aprendieron de mí. Fue allí, en la línea de fuego, que mis conceptos sobre la disciplina comenzaron a quedar establecidos firmemente. Las soluciones que funcionaban se mostraron válidas, y ocuparon su lugar en un sistema que sé que es práctico. Pero las grandiosas teorías inventadas por los educadores tipo «abuelita» explotaron como la dinamita al ser probadas cada día en el campo de batalla.

Una de las lecciones más importantes de esos años está relacionada con la baja autoestima de la cual ya hemos hablado. Desde el principio me di cuenta de que podía imponer a mis alumnos toda clase de disciplina y requisitos de conducta estrictos *siempre y cuando* tratara a cada uno de ellos con verdadero respeto. Me gané su amistad, antes y después de las clases, durante el almuerzo y por medio de nuestro tiempo juntos en el aula. Fui duro, especialmente cuando me desafiaban, pero jamás descortés, ofensivo o desconsiderado. Defendí a los débiles y tenazmente traté de desarrollar la confianza en sí mismo y la autoestima de cada niño. Sin embargo, nunca comprometí mis normas de conducta. Cada día, los estudiantes escuchaban mi clase sin hablar. No mascaban chicle, no se comportaban irrespetuosamente, no decían palabrotas, ni se herían unos a los otros con los bolígrafos. Claramente, yo era el capitán del barco, y lo dirigía con celo militar.

El resultado de esta combinación de bondad y disciplina firme permanece como uno de los más gratos recuerdos de mi vida profesional. *Amaba* a mis estudiantes y tenía muchas razones para pensar que ellos también me amaban a mí. Realmente les echaba de menos los fines de semana (algo que mi esposa nunca logró entender completamente). Al final del último año, mientras estaba empaquetando mis libros y despidiéndome, hubo 25 ó 30 muchachos con lágrimas en los ojos, que permanecieron en mi triste aula por varias horas, y finalmente se quedaron sollozando en el estacionamiento cuando me fui en mi auto. Y yo también derramé algunas lágrimas ese día. (Por favor, perdóneme por este párrafo en el que me he felicitado a mí mismo. No quise aburrirles contándoles mis fracasos, que son mucho menos interesantes.)

Una joven, llamada Julia, de la cual me despedí en el estacionamiento de la escuela en 1963, me llamó por teléfono en 1975. No la había vuelto a ver por más de diez años, y se había transformado en toda una mujer. La recordaba como una adolescente de séptimo grado cuya falta de confianza en sí misma se reflejaba en sus tristes ojos castaños. Parecía sentirse avergonzada de sus antepasados latinos y de que tenía un poco de exceso de peso. Solamente tenía una amiga que se había mudado de vecindad.

Julia y yo hablamos por teléfono sobre aquellos viejos tiempos de la escuela secundaria, y luego me preguntó: «¿A qué iglesia va usted?»

Le dije el nombre de la iglesia a la cual asistíamos mi esposa y yo, y me contestó: «¿Le agradaría que asistiera el próximo domingo por la mañana?»

Le respondí: «Claro que sí, Julia; me sentiría muy contento.»

La siguiente semana mi esposa y yo nos encontramos con Julia en la entrada del templo y ella se sentó a nuestro lado durante el servicio. A través de un proceso de crecimiento y orientación esta joven se transformó en una cristiana llena de entusiasmo. Ahora participa en el coro, y muchos miembros de la iglesia han comentado que parece transmitir una luz resplandeciente cuando está cantando.

Unos meses después, la detuve mientras salíamos de la iglesia y le dije: «Julia, quiero hacerte una pregunta. Me dijiste que te había costado trabajo encontrar mi número de teléfono y llamarme hace unos meses. ¿Por qué quisiste hablar conmigo después de tantos años, y por qué me preguntaste a qué iglesia asistía yo?»

Julia pensó por un momento y luego me dio el elogio más grande que jamás he recibido. Dijo: «Porque cuando yo era una estudiante de secundaria usted fue la única persona en mi vida que actuó como si me respetara y confiara en mí... y yo deseaba conocer al Dios en quien usted creía.»

Si usted logra comunicar esa clase de respeto a sus hijos adolescentes que se sienten oprimidos y agobiados, entonces muchos de los problemas característicos de la disciplina en esa etapa de la vida podrán ser evitados. Y después de todo esta es la mejor manera de tratar con las personas de cualquier edad.

Veamos ahora la segunda sugerencia, la cual puede ser, en realidad, una forma de poner en práctica la primera.

2. *Exprese en palabras los conflictos y restablezca los límites de conducta.*

Muchas veces existe una irracionalidad que está asociada con la adolescencia y que puede ser terriblemente frustrante para los padres. Permítame darle un ejemplo que puede servir para explicar el problema.

Hace algunos años, un estudiante se graduó de una facultad de medicina en Los Ángeles, California, y como parte de su internado se le exigió que pasara unas semanas trabajando en un hospital siquiátrico. Sin embargo, le dieron muy poca orientación acerca de la naturaleza de las enfermedades mentales, y equivocadamente creyó que podría «razonar» con sus pacientes para hacerles regresar al mundo de la realidad. Un paciente esquizofrénico le interesó en particular, porque el hombre creía que estaba muerto.

«Pero claro que es verdad —decía el paciente a cualquier persona que le preguntaba—. Estoy muerto. Lo he estado por años.»

El interno no pudo resistir intentar «convencer» al esquizofrénico de que lo que creía era una fantasía. Así que se sentó cerca de él y le dijo: «Entiendo que usted piensa que está muerto. ¿Estoy en lo correcto?»

«Seguro que sí —respondió el enfermo—. Estoy más muerto que mi abuela.»

El interno continuó diciéndole: «Bueno, dígame algo, ¿puede sangrar la gente que está muerta?»

«Por supuesto que no.» Respondió el esquizofrénico, como si estuviese completamente sano. El médico, entonces, le agarró la mano y le pinchó el dedo pulgar con una aguja. Al ver que del dedo brotaba sangre, el esquizofrénico se quedó mirando sorprendido, y luego exclamó: «Bueno, ¿qué le parece? ¡Los muertos sí sangran!»

Es posible que haya ocasiones en las que el lector se encontrará teniendo «conversaciones» parecidas a ésta, con su hijo adolescente, sin que él pueda comprender lo que se le está diciendo. Esos momentos ocurrirán, por lo general, cuando esté tratando de explicarle por qué debe estar de regreso en la casa a cierta hora, por qué debe mantener su habitación arreglada, por qué no puede manejar el auto de noche, o por qué realmente no tiene importancia que no lo invitarán a la tremenda fiesta de graduación dada por la muchacha más atractiva y popular de la escuela. Estos son problemas en los cuales a él le resulta casi imposible razonar, y lo que hace en cambio es reaccionar a las fuerzas emocionales, sociales y químicas que los causan.

Por otra parte, no podemos darnos el lujo de abandonar nuestros esfuerzos para comunicarnos, solamente porque los padres y los hijos adolescentes tienen dificultad para entenderse unos a otros. Simplemente, debemos permanecer «en contacto» durante esos años turbulentos. Esto es cierto, sobre todo, en relación con el hijo agradable y feliz que de la noche a la mañana, según parece, se vuelve un anarquista de 14 años de edad, amargado y criticón. Este es un fenómeno muy común. Pero no sólo los padres se preocupan por estos cambios, sino que a los jóvenes también les angustian bastante. Es posible que el muchacho esté confundido por el resentimiento y la hostilidad que tanto se han convertido en parte de su personalidad. Evidentemente, necesita el amoroso respaldo de un padre o una madre que pueda explicarle la «normalidad» de esa excitación que experimenta, y ayudarle a desahogar la tensión acumulada.

¿Cómo puede hacerse esto? Esta es una pregunta difícil de responder. La tarea de abrir la puerta de la comunicación con un adolescente enojado puede requerir más tacto y destreza que ninguna otra cosa en este trabajo de la crianza de los hijos. La reacción típica, tanto de los padres como de las madres, es enfrascarse en interminables batallas verbales que los dejan agotados y no conducen a ningún lado. Tiene que haber una mejor manera de comunicarse que dándose gritos unos a otros. Permítame sugerir una opción que se podría usar en esta clase de circunstancia.

Como ejemplo, supongamos que José tiene ahora 14 años y ha entrado en un período caracterizado por la rebeldía y el desafío. Está violando reglas a diestro y siniestro, y parece odiar a toda la familia. Por supuesto, se enoja cuando sus padres lo disciplinan, pero también durante los momentos tranquilos parece sentirse molesto sólo con la presencia de ellos. El viernes pasado, por la noche, regresó a casa una hora después de cuando debía haberlo hecho, pero se negó a dar explicaciones de su tardanza, o presentar excusas por ella. ¿Cuál es el mejor curso de acción que pueden seguir sus padres?

Vamos a suponer que usted es el padre de José. Yo le sugeriría que lo invitara a desayunar fuera un sábado, dejando al resto de la familia en casa. Por supuesto que lo mejor es elegir un tiempo de relativa calma, y no cuando está en marcha un conflicto o un enfrentamiento entre ustedes. Dígale que quiere hablar algunas cosas importantes con él y que no puede hacerlo de una manera adecuada en la casa, pero no le deje saber antes de tiempo de qué se trata. Luego, en el momento apropiado durante el desayuno, comuníquele los siguientes mensajes, o una adaptación de los mismos:

A. José, he querido hablar contigo esta mañana por motivo de los cambios que están sucediendo en tu vida y en nuestro hogar. Los dos sabemos que las semanas pasadas no han sido muy agradables. Has estado enojado la mayor parte del tiempo, y te has vuelto desobediente y descortés. Y tu madre y yo tampoco nos hemos comportado muy bien. Nos sentimos irritados y hemos dicho cosas que luego lamentamos haberlas expresado. Esto no es lo que Dios desea para nosotros como padres ni para ti como hijo. Tiene que haber una manera mejor de solucionar nuestros problemas. Por eso estamos aquí.

B. Para comenzar, José, deseo que comprendas lo que está pasando. Has entrado en un nuevo período de la vida que se llama "adolescencia". Es la etapa final de la niñez, y a menudo son años difíciles y tormentosos. Casi todo el mundo pasa por esta clase de años difíciles al comienzo de su vida como adolescente, y eso es lo que está empezando a suceder en este momento. Muchos de los problemas con que te estás enfrentando hoy, podían haber sido predichos desde el día en que naciste, simplemente porque el proceso del crecimiento es muy difícil. Los niños de hoy en día sufren presiones aun más grandes que las que sufrimos nosotros cuando éramos jóvenes. Quiero decirte que te entendemos y te amamos tanto como lo hemos hecho siempre, aun cuando estos últimos meses han sido difíciles en nuestro hogar.

C. Lo que actualmente está sucediendo es que quieres experimentar algo de libertad. Estás cansado de ser un niñito al que se le dice qué ropa debe ponerse, cuándo tiene que acostarse a dormir y qué es lo que debe comer. Esta es una actitud buena que te ayudará a crecer. No obstante, ahora quieres ser tu propio amo y tomar tus propias decisiones sin que nadie interfiera en ellas. *José, dentro de muy poco tiempo vas a tener lo que deseas.* Tienes 14 años ahora, y pronto tendrás 15, 17 y 19. Crecerás en un abrir y cerrar de ojos y ya nosotros no tendremos más responsabilidad por ti. El día llegará cuando te cases con quien quieras, asistas a la escuela que te guste, y elijas la profesión o el trabajo que te agrade. Tu madre y yo no trataremos de tomar esas decisiones por ti. Respetaremos que eres un adulto. Además, José, mientras más te vayas acercando a ese momento, más libertad te iremos dando. Ahora disfrutas de más privilegios que el año pasado, y cada vez disfrutarás de muchos más. Pronto serás libre y deberás rendir cuentas sólo a Dios y a ti mismo.

D. Pero, José, debes entender esto: *Todavía no eres un adulto.* Durante estas semanas pasadas has deseado que tu madre y yo te dejemos en paz; que te dejemos llegar a medianoche si así te place; que te dejemos no hacer tus tareas escolares; que te dejemos no tener ninguna responsabilidad en la casa. Y has reventado de ira cada vez que te hemos negado tus exigencias más extremas. La verdad es que has querido que te demos la libertad de una persona de veinte años cuando solamente tienes catorce, aunque todavía esperas que se te planchen las camisas, se te prepare la comida y se te paguen tus gastos. Has querido disfrutar de lo mejor de los dos mundos sin asumir las responsabilidades de ninguno de ellos. Y ¿qué podemos hacer? La salida más fácil sería dejarte hacer las cosas a tu manera. No habría más contiendas ni frustraciones. Muchos padres de muchachos y muchachas que tienen catorce años han hecho eso. Pero nosotros no cederemos a esa tentación. No estás preparado para ser totalmente independiente, y estaríamos mostrando odio hacia ti, en vez de amor, si cediéramos en este momento. Podríamos lamentar nuestro error por el resto de nuestras vidas, y pronto tú nos echarías la culpa también. Y, como sabes, tienes dos hermanas más pequeñas que te observan cuidadosamente y a las cuales debemos proteger de lo que tú les estás enseñando.

E. Además, José, Dios nos ha dado la responsabilidad de hacer lo que es bueno para ti, y Él nos pedirá cuentas de la forma como hayamos desempeñado dicha labor. Quiero leerte un importante pasaje de la Biblia que describe a un padre llamado Elí que no disciplinó ni corrigió a sus dos hijos cuando eran jóvenes. (Lea la dramática historia de 1 Samuel 2:12-17, 22-25, 27-34;

3:11-14; 4:1-3, y 10-22.) Está bien claro que Dios se enojó con Elí, por permitir que sus hijos fueran irrespetuosos y desobedientes. Y no sólo Dios permitió que mataran a los muchachos en una batalla, sino que también castigó a su padre por no haber cumplido con sus responsabilidades. Podemos encontrar las obligaciones que corresponden a los padres a través de toda la Biblia. Se espera que los padres y las madres instruyan a sus hijos y los disciplinen cuando sea necesario. Lo que quiero decirte es que Dios nos pedirá cuentas si permitimos que te comportes en forma perjudicial para ti mismo y para los que te rodean.

F. Esto nos lleva a la siguiente pregunta: "¿Qué vamos a hacer de ahora en adelante?" Quiero hacerte una promesa, ahora mismo: Tu madre y yo trataremos de ser más sensibles a tus sentimientos y necesidades de lo que hemos sido en el pasado. No somos perfectos, como bien lo sabes, y es posible que pensarás que en algunas ocasiones hemos sido injustos contigo. Si eso llegara a suceder, podrás expresar tus opiniones y te escucharemos. Queremos mantener la puerta de la comunicación abierta ampliamente entre nosotros. Cuando pidas que se te permita tener un nuevo privilegio, me haré esta pregunta: "¿Es algo que le puedo conceder a José sin que sea perjudicial para él o para otras personas?" Si puedo permitirte lo que deseas y quedarme con la conciencia tranquila, así lo haré. Llegaré a un arreglo contigo y accederé a tus deseos hasta donde mi buen juicio me lo permita.

G. Pero, escúchame, José. Habrá algunas cosas acerca de las cuales no podré ceder para llegar a un acuerdo. Habrá ocasiones cuando tendré que decirte "No". Y cuando esos momentos lleguen, puedes estar seguro de que me mantendré tan firme como el Peñón de Gibraltar. Nada, ni la violencia, ni rabietas, ni portazos, hará que las cosas cambien. En realidad, si eliges luchar conmigo acerca de alguna regla, te garantizo que sufrirás una terrible derrota. Es verdad que ya estás demasiado grande para castigarte físicamente, pero puedo utilizar otros medios para hacerte sentir incómodo. Y ésa será mi meta. Créeme, José, pasaré noches enteras pensando cómo voy a castigarte. Tengo el valor y la firmeza para realizar mi labor como padre durante los últimos años que vas a estar en casa. Usaré todos los recursos a mi disposición, si fuera necesario. Así que eres tú quien tiene que decidir. Podemos disfrutar de un tiempo tranquilo de cooperación en el hogar, o podemos pasar estos últimos años juntos en desavenencias y conflictos. De manera que llegarás al hogar a la hora que se te haya dicho; vas a cumplir con tus responsabilidades en el hogar; y continuarás respetándonos tanto a tu madre como a mí.

H. Finalmente, José, quiero enfatizar lo que te dije al comienzo. Te amamos más de lo que puedes imaginarte, y vamos a seguir siendo tus amigos durante estos tiempos difíciles. Existe mucho sufrimiento en el mundo de hoy. La vida trae desilusiones, pérdidas, rechazos, envejecimiento, enfermedad y por último la muerte. Todavía no has experimentado muchas de estas dificultades, pero muy pronto estarás conociendo algunas de ellas. Así que con todo el dolor que está esperándonos fuera del hogar, no traigamos más de él a nuestras vidas. Nos necesitamos mutuamente. Nosotros te necesitamos y, aunque no lo creas, todavía tú nos necesitas de vez en cuando. Y creo que esto es lo que deseábamos comunicarte en esta mañana. Hagamos las cosas lo mejor que podamos de ahora en adelante.

I. ¿Tienes algo que necesitas decirnos?

El contenido de este mensaje debe modificarse para adaptarlo a las circunstancias individuales y a las necesidades de cada adolescente en particular. Además, las reacciones de los jóvenes pueden variar tremendamente de uno a otro. Un

muchacho o una muchacha de carácter «abierto» puede reve-
lar sus sentimientos más profundos en un momento de comunicación como este, permitiendo un tiempo, que no tiene
precio, de catarsis y ventilación de los problemas. Por otra
parte, un muchacho testarudo, desafiante y orgulloso puede
escucharlo todo y quedarse sentado inmóvil y cabizbajo.
Pero, aunque su hijo adolescente permanezca hostil o indife-
rente, al menos las cartas han sido puestas sobre la mesa y las
intenciones de los padres han sido explicadas.

Veamos ahora lo que sucede con el muchacho que escucha estas palabras del padre, pero que conscientemente elige
una actitud de lucha y desafío.

3. *Vincule el comportamiento de sus hijos con consecuencias deseables o indeseables.*

Como ya dije en la sección anterior, uno de los errores
más comunes que cometen los padres es el de enfrascarse en
batallas verbales con sus hijos, las cuales les dejan agotados
y no producen nada positivo. Permítame decirlo de nuevo: no
ceda a este impulso. No discuta con el adolescente. No lo
someta a continuas amenazas, acusaciones y expresiones
insultantes. Y lo que es más importante, no lo regañe incesantemente. Los adolescentes odian que «mami» o «papi» los
reprendan de manera insistente. Cuando esto sucede ellos se
protegen haciéndose los sordos. Así, la manera más rápida
para terminar con toda la comunicación entre padres e hijos
es perseguir a un joven por toda la casa repitiendo, con la
regularidad de un reloj, los mismos mensajes monótonos que
desaprueban su conducta. Durante la década de los 50, una
popular canción de rock expresó esta clase de fastidio que
experimentaba un adolescente que tenía padres que lo repren-
dían constantemente. Fue titulado apropiadamente: «Yakety
Yak (Don't Talk Back)» [«¡Habla como una cotorra (¡Quédate sin contestar!)»]:

Saca los papeles y la basura
o no te daré dinero.
Si no limpias el piso de la cocina
no irás más a bailar el rock and roll.
¡Habla como una cotorra!
(¡Quédate sin contestar!)

Debes mantener ordenado tu cuarto,
quiero ver que el polvo vuele con esa escoba.
Saca la basura de mi vista,
o no podrás salir el viernes por la noche.
¡Habla como una cotorra!
(¡Quédate sin contestar!)

Ponte el abrigo y el sombrero,
y vete a la lavandería.
Y cuando hayas vuelto,
haz entrar al perro y saca al gato.
¡Habla como una cotorra!
(¡Quédate sin contestar!)

No me mires con mala cara,
tu padre sabe lo que estás tramando.
Dile a los pillos de tus amigos que están afuera
que no tienes tiempo para ir a pasear.
¡Habla como una cotorra!
(¡Quédate sin contestar!)

Si hablar como una cotorra no es la respuesta, entonces ¿cuál es la manera adecuada de reaccionar ante la negligencia, la desobediencia, la rebeldía y la irresponsabilidad? Esta pregunta nos recuerda la amenaza que se le hizo a José. Su padre le dijo a José: «Pasaré noches enteras pensando cómo voy a castigarte» si se negaba a cooperar. Esto no debe divulgarse, pero las herramientas disponibles para cumplir esta promesa son relativamente escasas. Como castigar físicamente a un adolescente es imprudente y no conduce a nada, lo único que los padres pueden hacer es manipular las circunstancias ambientales cuando la disciplina es necesaria. Tienen las llaves del auto familiar y pueden permitirle al hijo o a la hija que lo usen o ser llevado a algún lugar en el mismo. Pueden conceder o negar privilegios, incluyendo permiso para ir a la playa, a las montañas, a la casa de un amigo o a una fiesta. Controlan el dinero de la familia, así que pueden escoger compartirlo, prestarlo, repartirlo o retenerlo. Pueden castigar al adolescente haciéndolo permanecer en casa, o prohibiéndole que use el teléfono, la radio o la televisión por algún tiempo.

Obviamente, estas medidas no son motivaciones muy influyentes para el adolescente, y a veces son totalmente inadecuadas para la situación del momento. Después que hemos apelado a la razón, a la cooperación y a la lealtad familiar, lo único que queda son métodos de «castigo» relativamente débiles. Sólo podemos vincular el comportamiento de nuestros hijos con consecuencias deseables o indeseables y esperar que esa conexión tenga suficiente influencia para despertar su cooperación.

Si esto le parece algo inseguro, permítame confesar lo que estoy insinuando: un muchacho o muchacha de 16 años, testarudo y muy enojado, *puede* ganar una confrontación con sus padres, hoy en día, en el peor de los casos. La ley, ahora más que nunca, se inclina hacia la emancipación del adolescente. Cada vez es más fácil para él irse de la casa, fumar mariguana o infringir otras leyes sin ser castigado. Su novia puede comprar píldoras para evitar el embarazo sin que sus padres lo sepan o den autorización. Y si eso falla, puede ir a una clínica y hacerse un aborto sin decirle a nadie. Muy pocos privilegios y vicios de los adultos se le pueden negar a un adolescente que esté ansioso por lograr su independencia y dispuesto a luchar por ella.

Cuán diferente era la situación cuando un muchacho crecía en una granja en los días de antaño, viviendo a unos 15 ó 20 kilómetros, a caballo, de su amigo más cercano. Su papá, impresionado con su propia autoridad, podía hacer entrar en razón a su hijo rebelde sin la interferencia de presiones externas. No hay duda de que era mucho más fácil para aquellos padres e hijos que se pusieran de acuerdo mientras estaban sentados sobre un arado en un extremo lejano del terreno.

Pero hoy en día, cada chispa de descontento de los adolescentes es avivada hasta convertirse en una llama. La codicia por obtener el dinero de los jóvenes se ha convertido en un gran negocio, con revistas atractivas, fábricas de discos fonográficos, radio, televisión y conciertos, ofreciendo satisfacción a cada capricho juvenil. Y por supuesto, multitudes de adolescentes se reúnen ociosamente y patrocinan a esas compañías, por lo cual se han convertido en un grupo importante de consumidores. La semana pasada, sin que nadie los hubiera invitado, 2.500 adolescentes se reunieron en una fiesta que hubo en mi vecindario, y esparcieron latas de cerveza y vasos rotos por toda la calle. Cuando se le preguntó al jefe de policía por qué no había impedido el disturbio, contestó:

«¿Qué podíamos hacer? Éramos 24 policías contra 2.500 muchachos. Arrestamos a unos pocos, pero cada uno de ellos tuvo que ir hasta la estación de policía acompañado por dos oficiales. Así que no era posible controlar a todo el grupo. Además, no es ilegal que los jóvenes se reúnan, aunque sean muchos. Antes que pudiéramos hacer algo necesitábamos ver que se estaba cometiendo algún delito en la oscuridad, y luego detener a la persona responsable. Por supuesto, para el resto de los muchachos los policías éramos sus enemigos y se interpusieron para evitar las detenciones. Desde todos los puntos de vista fue una labor imposible.»

Si hoy en día los policías no pueden controlar a los adolescentes, los padres se encuentran en una posición todavía más difícil. A menos que los hijos tengan un profundo deseo de cooperar y ser responsables, rápidamente la situación puede volverse bastante violenta. Pero, ¿qué es lo que puede moverlos a sentir ese deseo? Estoy convencido de que los primeros años de la infancia son vitales para establecer el respeto entre padres e hijos. Realmente, este libro está dedicado a prestarles ayuda a los padres de niños que tienen una voluntad firme, para que sean capaces de crear una relación de amor y control durante los años que preceden la adolescencia, lo cual contribuirá a que cuando ésta llegue, sea un período de bastante tranquilidad. Sin este fundamento, sin que el hijo sienta respeto hacia sus padres, el equilibrio de poder y control se inclina definitivamente hacia el joven combatiente. Yo le estaría haciendo un daño a mis lectores si les diera a entender lo contrario.

Por otra parte, debemos hacer el mejor trabajo posible durante los años de la adolescencia, aunque ese fundamento no haya sido puesto todavía. Nuestro propósito, en esa situación, es evitar que el joven, que se acerca a la edad adulta, cometa errores muy serios, que tendrían consecuencias que durarían toda la vida, tales como drogadicción, matrimonios prematuros, embarazos, fracasos escolares, alcoholismo, etcétera. Puede haber ocasiones en las que estos peligros tan serios requieran respuestas radicales por parte de los padres.

Una vez, mis padres estuvieron en esa posición. Cuando yo tenía dieciséis años, comencé a comportarme en tal forma que mis padres se alarmaron. No había cruzado aún el límite de una fuerte rebelión, pero sin duda estaba yendo en esa dirección. Mi padre era un ministro cristiano que, en ese tiempo, viajaba continuamente. Cuando mi madre le informó acerca de mi repentino desafío, él canceló todos los compromisos que tenía para predicar durante tres años en distintas iglesias, y aceptó un trabajo como pastor que le permitió estar en el hogar conmigo durante mis dos últimos años de la escuela secundaria. Vendió la casa y mi familia se mudó a más de mil kilómetros al sur de donde vivíamos para proporcionarme un ambiente distinto, nuevos amigos y la oportunidad de cazar y pescar. No sabía que yo había sido la causa de que nos hubiéramos mudado, pero ahora comprendo el razonamiento de mis padres, y estoy agradecido de que ellos tuvieran tanto interés en mí como para estar dispuestos a sacrificar su hogar, sus trabajos, sus amigos y sus deseos personales, sólo por mi bienestar. Esta fue una manera de revelarme su amor en una etapa crítica de mi desarrollo.

Por supuesto, la historia no termina ahí. Fue difícil hacer nuevos amigos en una escuela distinta cuando ya estaba terminando la secundaria. Me sentía solo y fuera de lugar en una ciudad que ni siquiera se dio cuenta de mi llegada. Mi madre percibió estos sentimientos de soledad, y estaba sufriendo conmigo. Un día, cuando teníamos dos semanas en esa ciudad, tomó mi mano, y me puso en ella un pedazo de papel. Después me miró a los ojos y dijo: «Esto es para ti. No se lo digas a nadie. Tómalo y úsalo en lo que quieras. No es mucho, pero deseo que tengas algo que creas que es bueno para ti.» Desenvolví el «papel», que resultó ser un billete de veinte dólares. Era dinero que mis padres necesitaban, teniendo en cuenta el costo de habernos mudado y el bajo salario que mi padre iba a recibir; pero, sin embargo, no les importó dármelo. Yo me encontraba al principio de su lista de prioridades durante esos días tormentosos. Todos sabemos que el dinero no sirve para comprar amigos, y veinte dólares, incluso en esos tiempos, no cambiaron mi vida de manera significativa. Sin embargo, mi madre utilizó ese método para decirme: «Siento lo que tú sientes; sé que todo es difícil ahora, pero soy tu amiga y deseo ayudarte.» Cualquier adolescente atribulado, sería muy afortunado si contara con padres que continuaran apoyándole y orando por él, y le tuvieran compasión, aunque se hubiera convertido en una persona muy difícil de amar.

En resumen, lo que he estado sugiriendo es que los padres recurran a la acción para corregir a sus hijos cuando sea necesario, pero que eviten los regaños continuos, las quejas, los gritos y los gruñidos tanto como sea posible. ¡La ira no sirve para motivar a los adolescentes! Por ejemplo, qué tonto sería que el director de una escuela secundaria se parase a gritarle a los estudiantes en el estacionamiento, cuando pasan en sus autos apresuradamente. En cambio puede solucionar los problemas de velocidad, poniendo montículos de cemento en el camino que dañarían las ruedas de sus autos si no hicieran caso de su siniestra presencia. A propósito, en Rusia los nombres de los estudiantes convictos por el uso de drogas son puestos en el último lugar en una lista de espera para comprar autos. Y, según me han dicho, esta norma ha tenido un considerable impacto en la impopularidad de los narcóticos en ese país. Y aquí también lo tendría. Estos dos ejemplos contienen la clave para la disciplina de los adolescentes, si es que existe alguna. Consiste en manejar las circunstancias, con el fin de influir en la conducta de los jóvenes, y al mismo tiempo apelar al amor, el razonamiento, la cooperación y el compromiso. No será mucho, pero es lo único que podemos hacer.

4. *Prepare al niño para la adolescencia*

A riesgo de ser repetitivo, debo insistir en una advertencia incluida en mi libro: «Criemos niños seguros de sí mismos». Enfaticé la importancia de preparar a los preadolescentes para cuando les llegue el tiempo de la adolescencia. Sabemos, como padres, que esos pueden ser años de mucha tensión, pero normalmente nos reservamos esa información para nosotros mismos. No preparamos a nuestros hijos adecuadamente para las presiones sociales, y los cambios físicos que les esperan cuando arriben a la pubertad. En cambio, les enviamos sin preparación para que se adentren en ese peligroso terreno, como le sucedió a Caperucita Roja que iba saltando muy contenta por el camino, llevando una cesta de comida. Si los padres de esa dulce niña la hubieran advertido acerca del lobo feroz, se hubiera podido dar cuenta de que a su abuelita le había salido demasiado pelo y un rabo desde la última vez que la había visto. (A menudo me pregunto cómo se sintió la pobre ancianita cuando se enteró de que había sido confundida con un lobo por un miembro de su propia familia.) En cambio, la ingenua Caperucita casi se metió en la boca del lobo para examinar el tamaño de sus dientes, y fue salvada en el último instante por el guardabosques. En la vida real, lamentablemente, la historia no suele terminar con un dramático rescate y un final feliz.

Nuestro propósito debe de ser ayudar a nuestros hijos a evitar los «lobos» que se presentarán durante la adolescencia y que amenazarán con devorarlos. Se pueden lograr grandes progresos, en relación con esto, dedicando bastante tiempo un día para conversar con el joven sobre las experiencias y acontecimientos que se aproximan. Este tipo de conversación produce mejores resultados cuando se tiene inmediatamente antes de la pubertad, y debe planearse cuidadosamente para exponer los puntos de mayor problema en la adolescencia. Para ayudar en esta tarea, he preparado seis grabaciones en un álbum titulado «Preparémonos para la adolescencia», donde se tratan los tópicos aquí mencionados. En mi opinión, estoy seguro de que esta serie de casetes son el mejor material grabado existente en Estados Unidos hoy en día. ¿Por qué? Simplemente, porque el preadolescente está en una etapa muy difícil de su vida; no obstante, hay muy poco material cristiano dirigido a sus necesidades específicas y expresado de una manera en la que él pueda comprender.

Los temas figuran abajo y también proveen sugerencias para los padres que deseen manejar el asunto sin la ayuda de las grabaciones.

Cinta #1

El cañón de la inferioridad: En esta cinta se habla de los sentimientos de inferioridad que experimentan tantos adolescentes, y por qué tienen esta baja autoestima. Además, se sugiere cómo superar la falta de confianza. Los adolescentes mayores también deben escuchar esta cinta.

Cinta #2

La conformidad en la adolescencia: En esta segunda cinta se revela la enorme presión de los compañeros que se experimenta durante la adolescencia. Se considera el peligro de la presión ejercida por el grupo de amigos y compañeros en relación con el uso de las drogas y el alcoholismo.

Cinta #3

La explicación de la pubertad: Esta cinta está dedicada a una presentación exhaustiva de los cambios físicos que a menudo asustan al niño que no ha recibido ninguna información sobre los mismos. Los temores de anormalidades y enfermedades (tales como un desarrollo demasiado temprano o tardío), son apaciguados y explicados. También se habla del desarrollo sexual francamente y con confianza, incluyendo una explicación de la menstruación, las emisiones nocturnas, la masturbación, las dimensiones de los senos y los órganos reproductivos, etcétera. El conocimiento de todo esto puede evitar años de vergüenza y sufrimiento innecesarios, si se presenta en el momento adecuado.

Cinta #4

El significado del amor: Esta cinta está dedicada a clarificar los diez errores más comunes acerca del amor romántico. A muchos adultos les vendría bien escucharla.

Cinta #5

La búsqueda de la identidad: Esta cinta sirve como presentación final, en la que se habla de las otras emociones que frecuentemente acompañan a la adolescencia.

Cinta #6.

Sesión de conversación: Esta última cinta tal vez es la más interesante del álbum. Cuatro adolescentes se reunieron en mi hogar para conversar sobre sus experiencias en esta etapa de la vida. Sus temores, angustias y ansiedades son expuestos en una interacción franca y animada.

No deseo que esta sección parezca un anuncio de mis propios esfuerzos creativos, aunque supongo que en alguna forma lo es. No obstante, he ofrecido esta recomendación simplemente porque los preadolescentes necesitan más atención que la que se les está dando. La tranquilidad de los próximos seis u ocho años puede depender de la orientación recibida en los umbrales de la adolescencia. Así que, ya sea que se usen o no mis cintas, es preciso que los padres, maestros e iglesias se ocupen de disipar los temores, dudas y presiones con que se enfrentan los jóvenes. Esto nos lleva a las últimas recomendaciones sobre el tema del «niño de voluntad firme», que también tienen que ver con la última responsabilidad de los padres.

5. *Aguante a sus hijos con la mano abierta.*

El error más común que cometen los padres de adolescentes «mayores» (entre los 17 y los 19 años) es negarse a garantizarles la independencia y la madurez que requieren. Nuestra tendencia, como amorosos guardianes, es aguantar a nuestros hijos con demasiada fuerza, sin tener en cuenta los esfuerzos que ellos hacen para obtener más libertad. Tratamos de tomar todas sus decisiones, de mantenerles debajo de nuestras alas, y aun de evitar sus posibilidades de fracaso. Y al hacerlo así obligamos a nuestros hijos, que ya son mayores, a hacer una de dos cosas que son destructoras: pasivamente aceptan nuestra sobreprotección y permanecen como niños dependientes cuando son adultos, o se rebelan llenos de ira y rechazan nuestro control e intervención. De todas maneras salen perdiendo. Por una parte tienen problemas emocionales que les incapacitan para pensar como seres independientes, y por la otra, se convierten en adultos enojados y llenos de sentimientos de culpabilidad, que han roto la relación con sus padres a quienes necesitan. La verdad es que los padres que se niegan a darles a sus hijos adolescentes que ya son mayores la independencia adecuada, están coqueteando con el desastre no sólo en la vida de los hijos, sino en las suyas propias.

Permítame decirlo en una forma más fuerte: Creo que los padres norteamericanos son los peores del mundo cuando se trata de dejar ir a sus hijos. Esta observación fue ilustrada de manera impactante en un libro muy popular, titulado: «What Really Happened to the Class of '65?» («¿Qué le sucedió realmente a la clase del 65?»). La narración comienza a mediados de los años sesenta, cuando la revista «Time» escogió estudiantes de la escuela secundaria de Pacific Palisades, en California, que iban a graduarse en 1965, como el centro para ubicar la historia del «Adolescente de hoy». Los editores claramente escogieron a los más distinguidos de entre ellos para su reportaje. Estos jóvenes vivían en uno de los sectores más ricos del país, donde, en 1965, el promedio de ingresos era de 42.000 dólares anuales por familia. (Hoy en día, debe pasar de 100.000.) Entre la lista de miembros de aquella clase se hallaban hijos de personas muy famosas, tales como: James Arness, Henry Miller, Karl Malden, Betty Hutton, Sterling Hayden e Irving Wallace. Esos estudiantes eran parte de la generación más hermosa, más sana, mejor educada, y más poderosa en la historia de la humanidad, y ellos lo sabían. No es raro que la revista «Time», dijo que estaban «en la entrada de una era dorada», al referirse a ellos cuando salieron de la escuela secundaria, listos para ingresar a la universidad. El futuro les sonreía como el sol en un día de verano.

Pero eso fue en 1965. Ahora podemos preguntarnos: ¿Qué le sucedió realmente a ese grupo dorado de estudiantes que se graduaron en 1965? Dos miembros de aquella clase, Michael Medved y David Wallechinsky han dado respuesta a dicha pregunta. Su libro presenta un reportaje sobre treinta de sus compañeros de graduación, diez años después de haber terminado la secundaria. El resultado es un comentario fascinante (aunque indecente y vulgar) de una generación de muchachos a los cuales sus padres mimaron demasiado, no sólo de Pacific Palisades, sino de otras ciudades a todo lo largo y ancho de Estados Unidos. Los autores muestran los más grandes estereotipos de cada escuela secundaria norteamericana, incluyendo a la hermosa animadora de juegos deportivos, el mejor jugador del equipo de fútbol, el intelectual judío, el bobo del grupo, el más bien parecido, el mujeriego, el que no rinde lo suficiente y la muchacha liberada que hizo el amor con 425 muchachos antes de perder la cuenta.

En este libro se revela la vida privada y la historia personal de cada uno de ellos.

Los resultados de la investigación fueron sorprendentes. La clase de 1965, lejos de entrar en una «era dorada» ha estado llena de tragedias personales y de inquietud emocional. En realidad, los estudiantes que se graduaron de una escuela norteamericana en ese año son parte del grupo de hombres y mujeres que tal vez ha sido el más inestable y «perdido» de todos los que se han producido en este país. Unas semanas después de que este grupo recibió sus diplomas, nuestras ciudades comenzaron a arder con los disturbios raciales de un verano largo y caliente. Esa fue la señal del caos que vendría después. Ingresaron a la universidad en un momento en que el abuso de las drogas no sólo era común, sino que se había convertido en algo casi general tanto para los alumnos como los profesores. El deterioro intelectual fue inevitable en ese ambiente de narcóticos. La guerra de Vietnam pronto levantó las pasiones de los universitarios hasta convertirlos en incendiarios que odiaban y despreciaban al gobierno, al presidente, a los militares, a los dos partidos políticos y, por supuesto, al estilo de vida norteamericano. La hostilidad les llevó a bombardear, destruir e incendiar los edificios de «la clase dirigente». Esta generación de estudiantes universitarios fue testigo del brutal asesinato de su ídolo romántico, John F. Kennedy, cuando ellos apenas tenían 16 años de edad. Luego, en el momento crítico de su estado de agitación, perdieron a sus otros dos héroes amados: Robert Kennedy y Martin Luther King. Esos asesinatos fueron seguidos por la matanza de estudiantes en «Kent State University» y las guerras callejeras que señalaron a la convención del partido Demócrata en 1968. Estas violentas convulsiones alcanzaron su culminación después de la incursión militar en el territorio de Camboya, decretada por el presidente Nixon, y que prácticamente cerró las universidades norteamericanas.

Estos disturbios sociales fueron acompañados de una rápida desintegración de los principios morales y éticos, como nunca se había visto en la historia de la humanidad. De pronto, los valores definidos dejaron de existir. No hubo normas, ni absolutos, ni reglamentos. Tampoco hubo creencias tradicionales en las cuales apoyarse. Nadie que tuviera más de treinta años podía ser digno de confianza. Y como broche de oro algunos teólogos «brillantes» eligieron ese momento de confusión para anunciar «la muerte de Dios». Fue un tiempo doloroso para los jóvenes, en el que andaban a tientas y sin rumbo fijo, buscando su propia identidad y el lugar que debían ocupar en el mundo.

Esto fue lo que realmente le pasó a la clase del 65. Y las vidas personales de esos estudiante reflejan el torbellino de su época. En cada uno de los casos, probaron lo más sórdido y de menos valor de una sociedad desprovista de valores. Se hicieron adictos a la heroína, el LSD y los barbitúricos, o se volvieron alcohólicos. Representan matrimonios deshechos, locuras sexuales, y estilos de vida experimentales. Trajeron al mundo niños no deseados que no tenían la más mínima posibilidad de ser criados adecuadamente. Un elevado porcentaje de la clase ha estado en la cárcel, y un individuo se suicidó en 1971 (el muchacho más popular y bien parecido de la escuela). Dieciocho de ellos admitieron que habían sido internados para tratamientos siquiátricos. Por lo tanto, uno de los que fueron profesores de la escuela secundaria de Pacific Palisades ha llamado a la década del 65 al 75, «los años más tristes del siglo». Y yo estoy de acuerdo.

Las razones que he tenido para describir esa era tan detalladamente es para que aprendamos de los errores de ese período. Lamentablemente, las condiciones que lo produjeron todavía prevalecen. Es que el problema no fue causado solamente por los desórdenes sociales, sino también por el fracaso de los padres que no permitieron que la generación del 65 creciera correctamente. Aunque la generación de más edad ejerció poca influencia sobre sus hijos después de la graduación, no obstante fallaron en cuanto a su emancipación. Hemos visto una constante actitud de los padres a través de todo el libro: Mami y papi sacan a sus hijitos de la cárcel, pagan sus cuentas, los sostienen económicamente para que no tengan que trabajar, y los animan a vivir en sus propios hogares al casarse. Ofrecen una infinidad de consejos que no han sido pedidos para acompañar los inmerecidos y poco apreciados dones materiales. Vea las siguientes citas de cinco individuos, las cuales revelan el consentimiento excesivo y la interferencia de los padres:

1. Durante los momentos finales de nuestra conversación, la madre de Lisa entró en la casa trayéndole una bolsa de comestibles (Lisa tiene 25 años). Aunque Lisa atacaba fuertemente todo lo convencional, siempre había dependido mucho de sus padres ... para que la sacaran de la cárcel, para servirle de refugio en momentos de problemas, para mantener sus hábitos y fomentar sus ambiciones. Pero a pesar de su rebelión, había gozado de poca independencia. Ella dijo: «Le diré que mi madre me ha ayudado mucho económicamente. Mis padres comprenden. Como ya le dije a usted nunca tuve un trabajo por más de tres meses. Yo soy una artista.»

2. Realmente pienso que muchos de mis problemas tienen que ver con Pacific Palisades. No tengo la menor duda de que si no hubiese crecido en un ambiente tan protegido eso habría sido mejor para mí. Yo hubiera elegido algo como el ambiente de Neil. Su familia es un poco más común y corriente, un poco más de media clase. Piensan que a los 17 ó 18 años de edad ya uno es adulto, y pasa a tomar sus propias decisiones. En cuanto a mí, fui una niña "buena" que nunca se metía en problemas y a quien nunca se le permitió cometer un error. Así que cuando comencé a tomar decisiones por mí misma ... fui una loca.

3. No presté atención a la secundaria. Mis padres me habían dado 4.000 dólares para que aprendiera a administrar dinero. Durante los seis meses en que se suponía que debía ir a la escuela, lo que mayormente hice

fue ... gastar dinero. Fue el tiempo más libre y agradable de mi vida. Por lo tanto, no logré mucho a nivel escolar. En realidad, todos mis profesores me suspendieron.

4. Porque podía contar con mis padres, que me ayudaban económicamente, desde muy temprano comencé a tenerle aversión a trabajar en una situación estructurada, en la que yo tuviera que estar en un lugar a cierta hora. No me gustaba que me exigieran que vendiera mi vida para luego tener que volver a comprársela a los patriarcas que han convertido la economía en una planta de municiones.

5. Por seis meses me abstuve [refiriéndose al abuso de drogas]. No hubo robos, ni autos chocados, ni caídas por la escalera. Pero después realmente me volví un adicto. Finalmente choqué el auto de mis padres, un hermoso Pegueot. No hubo heridos en el accidente. Recuerdo cómo di vueltas dentro del auto cuando se volcó varias veces. También recuerdo que yo estaba en la calle antes de venir la policía, pensando en que tenía un cigarrillo de mariguana en el bolsillo, y no quería que me arrestaran por tenerlo en mi posesión. Tiré el cigarrillo, y no me arrestaron, pero me llevaron a la estación de la policía, y como no pude caminar en línea recta me metieron en una celda donde iba a pasar la noche. Mi padre vino a verme y estaba exasperado y horrorizado por lo que había hecho, tanto que me dijo que merecía estar allí. Esto me sorprendió un poco, pues siempre mis padres me habían rescatado en el pasado.

Uno de los miembros de la clase, Jamie Kelso resume las circunstancias que mantuvieron a sus compañeros en un estado de perpetua dependencia:

Hay dos razones por las cuales era seguro que muchos miembros de la clase del 65 se convertirían en parásitos que vivirían dependiendo de sus padres o de la asistencia social. En primer lugar, los padres impidieron que los muchachos entendieran los problemas de la supervivencia porque siempre les solucionaron todas las dificultades. A la edad de 18 años, el carácter de un hombre o de una mujer ya está bien formado. *Si hasta esa edad, los padres les han provisto de autos, dinero, vacaciones, ropa, apartamentos y diversiones, entonces no tienen que sorprenderse al descubrir que sus hijos son unos inválidos morales.* La segunda razón por la que se podía esperar que muchos se convirtieran en parásitos es la irrealidad de lo que enseñaban en Pacific Palisades. Como salimos de una escuela secundaria en la que no habíamos recibido ninguna instrucción filosófica sólida, y cuyo método era la irracionalidad, fuimos presa fácil de los lobos en la universidad y los estafadores espirituales de nuestro tiempo.

Jamie Kelso es un joven que tiene buena percepción. Ha señalado lo necesario que es que los padres den libertad a sus hijos, que les permitan cometer errores y aprender de sus propios fracasos cuando todavía son bastante jóvenes. Esta experiencia es vital porque, hasta cierto punto, toda la infancia es una preparación para la adolescencia y para lo que viene después. Así que los padres serían prudentes si recordaran que el día cuando el niño que han criado hará sus maletas y se irá del hogar, para nunca volver a vivir con ellos, se acerca con rapidez. Al salir por la puerta para enfrentarse al mundo exterior, ya no tendrá que rendir cuentas a la autoridad y supervisión de los padres. Hará lo que él quiera. Nadie podrá exigirle que coma bien, que descanse lo necesario, que busque un empleo, que viva de una manera responsable, o que sirva a Dios. Se hundirá o nadará por sí solo. Esta independencia repentina puede ser destructiva para los que no se han preparado para ella. Pero ¿cómo pueden los padres educar a sus hijos e hijas para que no hagan locuras durante los primeros meses de libertad? ¿Cómo pueden proveer a sus hijos de lo necesario para ese momento de emancipación?

El mejor tiempo para comenzar a preparar al hijo para su liberación final es cuando empieza a caminar, antes que una relación de dependencia sea establecida. No obstante la inclinación natural de los padres es hacer lo contrario. Una conocida autora, Domeena Renshaw, escribió lo siguiente:

> Es posible que el niño se ensucie al comer solo; que quede más desarreglado cuando se vista él mismo; que esté menos limpio cuando trate de bañarse sin que nadie lo ayude; que el pelo no le quede bien si se peina él solo; pero a no ser que la madre aprenda a amarrarse las manos y dejar que el niño llore y trate de hacer las cosas por sí mismo, ella va a hacer por él más de lo que es necesario, y su independencia se retrasará.

Este proceso de concederle la independencia apropiada debe continuar a través de toda la escuela primaria. Los padres deben permitir que sus hijos se vayan de campamento, aunque quizá sea más "seguro" tenerlos en casa. De la misma manera, se les debe permitir ir a la casa de sus amigos a dormir cuando ellos los inviten. Deben hacer sus camas, cuidar a sus mascotas, y hacer sus tareas escolares solos. En resumen, el propósito de los padres debe ser el de ir concediendo una libertad progresiva año tras año, al mismo tiempo que el niño va asumiendo más responsabilidad, para que cuando el niño esté fuera del control de los adultos, ya no lo necesitará.

Cuando esta labor se realiza correctamente, un joven que se encuentra en su último año de escuela secundaria debería estar casi emancipado, aunque todavía viva con los padres. Tal fue el caso mío durante mi último año escolar. Tenía diecisiete años y mis padres sometieron a prueba mi independencia yéndose en un viaje de dos semanas y dejándome solo. Me dieron las llaves del auto, y además me permitieron invitar a mis amigos varones a pasar las 14 noches en casa. Recuerdo mi sorpresa ante esta situación y los obvios riesgos que corría. Hubiese podido tener 14 noches de fiestas desenfrenadas, chocar el auto y destruir la casa. Francamente me pregunté si eran sabios al darme tanta libertad. Pero me comporté responsablemente aunque nuestra casa sufrió los efectos de los juegos típicos de los adolescentes.

Cuando ya era adulto y estaba casado, le pregunté a mi madre por qué habían corrido el riesgo de dejarme sin ninguna supervisión por dos semanas. Ella sonrió y me contestó: «Porque sabía que aproximadamente en un año te irías a la universidad donde tendrías completa libertad sin nadie que te dijera cómo comportarte. Y quería exponerte a esa independencia mientras todavía estabas bajo mi influencia». Su sabiduría intuitiva era obvia. Me estaba preparando para la libertad final, la cual a menudo hace que un muchacho o una muchacha, a quien sus padres lo protegen demasiado, se comporte tontamente en el momento que se libera de su pesada mano de autoridad.

Nuestro objetivo como padres entonces, es no hacer nada por nuestros hijos, que ellos sean capaces de hacer por sí mismos.

Reconozco lo difícil que es poner en práctica este sistema. Nuestro profundo amor hacia nuestros hijos nos hace muy vulnerables a sus necesidades. La vida trae inevitablemente dolor y sufrimiento a los pequeños, y nos duele cuando les duele a ellos. Cuando otros les ridiculizan o se ríen de ellos, cuando se sienten solos y rechazados, cuando fallan en algo importante, cuando lloran a la medianoche, cuando un daño físico pone en peligro su existencia, todas éstas son pruebas que nos parecen insoportables a quienes estamos mirando sin poder hacer nada. Queremos levantarnos como un poderoso escudo para protegerlos de las aflicciones de la vida y sujetarlos abrigados, dentro de la seguridad de nuestros brazos. Sin embargo, hay momentos cuando tenemos que dejarles que luchen solos. Los niños no pueden crecer sin que se arriesguen. Los niños no pueden aprender a caminar sin caerse al principio. Los estudiantes no pueden aprender sin enfrentarse a algunas dificultades. Y por último, un adolescente no puede entrar a la edad adulta, hasta que nosotros le dejamos libre de nuestro cuidado protector. Pero como ya dije, los padres del mundo occidental encuentran muy difícil dejar que sus hijos enfrenten y superen los desafíos rutinarios de la vida diaria. Como dijo Jamie Kelso de la clase de 1965: «Los padres impidieron que los muchachos entendieran los problemas de la supervivencia porque siempre les solucionaron todas las dificultades.» También fracasaron al no proveerles un fundamento moral y espiritual, una razón para vivir, a la cual Jamie se refiere diciendo que no recibieron «ninguna instrucción filosófica sólida».

Voy a mencionar tres frases que nos ayudarán en la crianza de nuestros hijos durante los últimos años de la infancia. La primera es simplemente: «Aguante a sus hijos con la mano abierta». Esto implica que todavía nos importa lo que suceda en los primeros años de la edad adulta, pero no trataremos de tener a nuestros hijos demasiado apegados a nosotros. Nuestra mano debe ir abriéndose. Debemos orar por nuestros hijos, amarles y aun aconsejarles cuando sea necesario. Pero como próxima generación deberán ir asumiendo la responsabilidad de sus decisiones personales, y deben aceptar las consecuencias de lo que escojan hacer.

La segunda frase expresa un concepto similar: «Manténgalos cerca y luego suéltelos». Estas palabras son casi el tema de este libro. Los padres deben involucrarse totalmente en la vida de sus hijos pequeños, dándoles amor, protección y autoridad. Pero cuando los hijos llegan a ser adolescentes y después adultos, debemos abrirles la puerta hacia el mundo exterior. Ese es el momento más aterrador de la vida de los padres, en particular para los padres cristianos que se interesan de manera tan profunda en el bienestar espiritual de su familia. Cuán difícil es esperar respuesta a la pregunta: «¿Crié bien a mi hijo?» Existe la tendencia de retener el control sobre los hijos para evitar oír una respuesta negativa a esta pregunta tan importante. Sin embargo, es más probable que nuestros hijos e hijas tomen decisiones apropiadas si no tienen la necesidad de rebelarse contra nuestra interferencia.

La tercera frase fácilmente hubiera podido ser uno de los proverbios del rey Salomón. Dice así: «A lo que amas, dale libertad, si regresa a ti, tuyo es, si no regresa, nunca lo fue.»

Esta pequeña declaración contiene gran sabiduría. Me recuerda el día, hace muchos años, cuando un pequeño coyote salvaje apareció en el patio de nuestra casa. Se había extraviado de las montañas, y había llegado a nuestra zona residencial. Lo perseguí hasta nuestro patio trasero donde lo atrapé en un rincón. Después de 15 ó 20 minutos de esfuerzo, logré ponerle un collar y una correa en el cuello. Él luchó contra la correa con toda su fuerza, brincando, mordiéndola y tirando de ella. Finalmente, agotado, se sometió a su cautiverio. Él era mi prisionero, lo cual hizo que todos los niños del vecindario se sintieran muy contentos. Me pasé todo el día con ese coyote tan pícaro, tratando de domesticarlo. Sin embargo, llamé por teléfono a un experto en coyotes, el cual me dijo que las probabilidades de que pudiera amansar sus instintos salvajes eran muy pocas. Obviamente, yo hubiera podido dejarlo encadenado o enjaulado, pero nunca hubiera podido hacerlo mío. Así que, lo dejé en libertad. Su «amistad» no habría tenido ningún valor para mí, a menos que yo lo hubiera dejado libre y él se hubiera quedado por su propia voluntad. Lo que quiero dejar en claro es que el amor exige libertad. Esto no sólo es verdad en las relaciones entre los animales y el hombre, sino también en todas las relaciones entre los seres humanos. Por ejemplo, la manera más rápida de destruir el amor romántico entre marido y mujer es que uno de los dos encierre al otro en una jaula de acero. He visto a cientos de mujeres intentar inútilmente exigir el amor y la fidelidad de sus esposos, y eso no produce ningún buen resultado. Haga memoria de sus noviazgos antes del matrimonio. ¿Recuerda usted cómo las relaciones románticas quedaban destinadas a la ruina cuando uno de los novios empezaba a preocuparse con perder al otro, llamaba por teléfono seis u ocho veces al día, y se escondía para espiar y averiguar quién estaba compitiendo por la atención de su amado? Esa manera tan insegura de actuar devastará una buena relación amorosa en cuestión de días. Permítame repetirlo: *el amor exige libertad.*

¿Por qué otro motivo nos habría dado Dios la opción de servirle a Él o rechazar su compañerismo? ¿Por qué les dio a

Adán y a Eva la opción de comer del fruto prohibido en el huerto del Edén en lugar de obligarlos a obedecerle? ¿Por qué no hizo que simplemente los hombres y las mujeres fueran sus esclavos, programados para postrarse a sus pies en adoración? Las respuestas se encuentran en el significado del amor. Dios nos dio el libre albedrío porque no tiene significado el amor que no tiene alternativa. Cuando venimos a Él porque ansiamos tener compañerismo y comunión con Él, es cuando la relación tiene validez. ¿No es éste el significado de Proverbios 8:17, donde Él dice:

> Yo amo a los que me aman, y me hallan los que
> temprano me buscan.

Ese es el amor que sólo la libertad puede producir. No se puede exigir, forzar, restringir o programar en contra de nuestra voluntad. El amor sólo puede ser el producto del libre albedrío, lo cual incluso el Todopoderoso respeta. La aplicación de esta verdad a los adolescentes mayores (especialmente los que tienen más de 20 años) es obvia. Llega el momento cuando nuestro trabajo como padres termina, y es tiempo de otorgar la libertad. De la misma forma en que dejé que aquel coyote se fuera, usted debe desatar las correas que atan a sus hijos y dejarlos en libertad. Si nuestro hijo huye, que huya. Si se casa con la persona equivocada, que se case con la persona equivocada. Si toma drogas, que tome drogas. Si escoge la escuela equivocada, si rechaza su fe, si se niega a trabajar, o si desperdicia su herencia en licor y prostitutas, entonces se le tiene que permitir que tome esas decisiones destructivas. *Pero no es nuestra tarea pagar sus cuentas, aminorar las consecuencias, o apoyar sus locuras.*

Podemos aprender una importante lección por medio de lo que Jesús contó acerca del hijo pródigo (Lucas 15:11-32). Tenía tanta hambre, cuando se le acabó el dinero, que deseaba comerse la comida de los cerdos. Sin embargo, «nadie le daba nada». No había estampillas del gobierno para comprar alimentos, ni cheques de asistencia social, ni beneficios del seguro contra desempleo que le ayudasen a continuar con la clase de vida que había llevado. Y fue en ese estado de profunda necesidad que «volvió en sí». Las privaciones tienen la cualidad de hacernos volver a lo que es importante; y en el caso de este hijo, volver a su padre. Los que somos padres seríamos prudentes si imitáramos el ejemplo del padre amoroso de esta historia que representa a Dios mismo. Primero, dejó ir libremente al muchacho, sin ninguna condición. Segundo, permitió que sufriera las consecuencias de sus estúpidas decisiones, aunque como granjero rico, hubiese podido enviar a sus criados para que lo sacaran de apuros. Y tercero, reveló su amor inmenso dándole la bienvenida a su hijo arrepentido sin insultos ni acusaciones, diciendo simplemente: «Se había perdido y ha sido encontrado.»

En resumen, permítame decir que la adolescencia no es una etapa fácil para padres o hijos; por el contrario, puede ser una experiencia aterradora. Pero la clave para sobrevivir a esta experiencia emocional es poner un fundamento sólido, y después enfrentarla con valor. Incluso la inevitable rebelión de la adolescencia puede ser un factor saludable. Este conflicto contribuye al proceso por medio del cual un individuo deja de ser un niño dependiente y se convierte en un adulto maduro que ocupa su lugar como igual a sus padres. Sin esta fricción, la relación podría continuar siendo un triángulo perjudicial, formado por «mamita, papito e hijito», hasta la edad adulta, con serias consecuencias para la futura armonía matrimonial. Si la tensión entre las generaciones no fuera parte del plan divino para el desarrollo humano, no estaría tan extendida en el mundo, aun en los hogares donde el amor y la autoridad han sido mantenidos en un equilibrio apropiado.

Preguntas y respuestas

Pregunta: **Tengo una hija de catorce años, Margarita, que quiere salir con un muchacho de diecisiete. No me gusta**

la idea de permitir eso, pero no sé cómo responderle. ¿Qué debo decirle?

Respuesta: En vez de dar patadas en el piso y gritarle: «¡No! ¡Y no creo que voy a cambiar de idea!», le sugeriría que apoye a su hija y le proponga un plan razonable para los años que vendrán donde cuente con su respaldo. Podría decirle: «Margarita, tienes catorce años y comprendo tu nuevo interés en los muchachos. Y así debe ser. Sin embargo, no estás lista todavía para enfrentarte a las presiones que un muchacho mayor puede imponerle a una muchacha de tu edad.» (Si ella le hace preguntas, explíquele lo que quiere decir.)

«Tu papá y yo queremos ayudarte a estar preparada para que puedas salir con muchachos en el futuro, pero hay algunos pasos que necesitar dar antes. Tienes que aprender a tener amigos entre los muchachos, antes que decidas ser "novia" de uno de ellos. Para lograr esto, debes conocer grupos de muchachos y muchachas que sean de tu edad. Podrás invitarlos a nuestra casa o ir a la casa de ellos. Entonces cuando tengas entre quince y diecisiete años, podrás salir con un muchacho y con otra pareja, en grupos de cuatro, yendo a lugares donde haya la supervisión de algún adulto. Y finalmente podrás salir sola con tu pareja cuando tengas casi diecisiete años.

«Tu papá y yo queremos que salgas con muchachos y que te diviertas, y pensamos ser razonables al respecto. Pero todavía no estás lista para salir sola con un muchacho mayor que tú, y tendremos que encontrar otras formas de satisfacer tus necesidades sociales.»

Pregunta: **Estamos preocupados por la evidente falta de disciplina en los estudiantes de secundaria de hoy. ¿Qué sugerencia haría usted para restablecer una razonable autoridad en la educación pública?**

Respuesta: Pienso escribir otro libro con métodos prácticos para la disciplina escolar (lo que explica la ausencia del tema en este libro). Sólo diré aquí que el activista negro Jesse Jackson escribe sobre este tema con más sentido que ninguna otra persona, particularmente en referencia a la disciplina en las escuelas de los barrios pobres. A continuación cito las palabras del reverendo Jackson en un reportaje de Donald Cole, publicado en la revista «Moody Monthly»:

La violencia y el vandalismo en las escuelas públicas nacionales están alcanzando proporciones epidémicas —dice un artículo publicado en "U.S. News and World Report", al principio de este año—. Y nadie —añade—, sabe qué hacer.

¿Nadie? No tanto. En estos días, el activista negro Jesse Jackson, que vive en Chicago, está hablando acerca de la decadencia en las escuelas, y lo que dice tiene sentido, tal vez porque también tiene su base en la Biblia.

¿Qué es lo que dice él? En un discurso reciente, contó su visita a una escuela pública de Los Ángeles. Vio estudiantes, dice:

Con los ojos enrojecidos, a causa de la mariguana, y las mentes embotadas y ausentes. Sin dignidad ni límites personales. Y la cuestión no era —continuó diciendo— si debían fumarla, sino dónde lo podían hacer.

Cuando la directora de la escuela le dijo cuán admirables eran los estudiantes, Jackson la interrumpió:

Le dije que lo que tenía eran pequeños gángsters, que sus estudiantes no eran admirables, pero que podían llegar a serlo. Tenemos que cambiarlos. Nuestro desafío es hacer que las flores broten en el desierto.

Jackson está llamando a la gente a realizar cambios fundamentales. Él cree que de 7 a 9 de la noche, o de 8 a 10 deberían ser horas dedicadas al estudio por ley, sin radio ni televisión que interfieran. Que se les debería exigir a los padres que llamen a la escuela para pedir las tarjetas de calificaciones de sus hijos, y si se niegan a dárselas, que una comisión de padres les visite para pedirles sus razones, y por supuesto para ejercer una pequeña presión sobre ellos.

Jackson dijo que se debe prohibir la ropa extravagante: no más trajes raros, ni zapatos de plataforma:

Estoy convencido —dice—, que si empezamos a inculcar disciplina, responsabilidad y dignidad, la manera de comportarse será mejor. Entonces los estudiantes podrán comenzar a aprender, porque para eso es que existen las escuelas.

Jackson se burla de aquellos que dicen que las pruebas de aptitud están preparadas contra los negros:

Los negros no podemos leer o escribir por una de dos razones: Somos unos retardados, o no practicamos. Podemos hacer bien las cosas que hacemos más frecuentemente: bailar el jazz y otras clases de música, hablar y ser mentirosos. No somos tan inferiores como para que no podamos aprender a leer y a escribir, pero no somos tan superiores como para que podamos hacerlo sin la debida práctica.

Lo que él desea son nuevos valores.

Quizá debemos empezar a definir a los hombres por su habilidad para curar heridas, y no por su capacidad para matar. Tal vez diremos que un hombre no es hombre porque puede engendrar un hijo, sino porque puede proveerle lo necesario, cuidarlo y amar a la madre.

Lo esencial de su programa es la responsabilidad de los padres:

El cuidado, la disciplina y el castigo no cuestan dinero, sino nuevas prioridades. Y, por supuesto, ése es el problema.

Si los padres de cada ciudad estuviesen dispuestos a pagar el precio, se podría imponer un poco de orden en las escuelas caóticas. Pero lo que pasa es que en muchas familias los padres son los que se encuentran en un estado de bancarrota espiritual.

Sin embargo, ahora es el momento de que los padres que tienen alguna noción de decencia y propósito respondan y traten de ejercer una influencia santa en los asuntos de la escuela local. Aquellos que son cristianos deben permitir que su luz brille, insistiendo ante las juntas directivas de las escuelas para que regresen a los principios básicos. Dejemos que la sal de la tierra penetre en las escuelas públicas, que su sabor ponga fin a la violencia y al vandalismo en nuestras escuelas. De otra manera, el sistema está condenado a muerte, y todos los bellos discursos del mundo no podrán salvarlo.

Pregunta: **Usted recomienda en «Atrévete a disciplinar», que se les enseñen a los preadolescentes los fundamentos de la reproducción, observando el proceso de nacimiento en un animalito doméstico. Sus intenciones fueron buenas, pero esa sugerencia podría traer como resultado la proliferación de animales no deseados que pasarán hambre y serán objeto de abusos crueles. A muchos de los que deambulan por las calles, los matan en los depósitos de animales. Pienso que usted podría reconsiderar esa posición lamentable.**

Respuesta: Para mi completa sorpresa, lo que parecía una sugerencia inofensiva, ha dado más que hablar y ha provocado más críticas que todo lo demás que dije en ese libro. Una mujer de Denver, que es defensora de los animales y está totalmente entregada a lo que cree, me escogió como su «proyecto» del año, y estuvo molestándome regularmente para que suprimiera esa sección del libro. Cuando me resistí, envió mi nombre a un veterinario que se unió a la causa. Finalmente le escribí a la mujer una carta que decía:

> Apreciada señora:
> ¡Usted ha ganado! ¡Me rindo! Cambiaré mi sugerencia en futuras publicaciones. Todos los perros del mundo pueden estar orgullosos de usted, y yo la felicito por su tenacidad. Estoy cumpliendo mi promesa ahora mismo. Realmente, me rendí porque esta señora y las otras que me han escrito tienen toda la razón. Existen millones de animales (en particular, perros y gatos) que deambulan por las calles hambrientos, enfermos y miserables. A muchos les quitarán la vida en las perreras públicas. Yo no deseo contribuir a ese sufrimiento innecesario y prevengo a los padres a fin de que no permitan nacimientos de animales a menos que estén dispuestos a cuidarlos. Así que apreciada señora, mi conciencia está limpia. Mis mejores deseos para sus próximos proyectos.

Pregunta: **Usted ha mencionado el hecho de que las muchachas pueden hacerse abortos en muchos estados sin el conocimiento ni la autorización de sus padres. Este método para terminar con el embarazo es muy controversial ahora, y me gustaría saber cuál es su opinión acerca de sus implicaciones morales.**

Respuesta: Mi opinión sobre este importantísimo tema ha ido evolucionando durante los pasados diez años. Cuando surgió la controversia, deliberadamente me abstuve de dar mi opinión hasta que pudiera considerar el asunto objetivamente desde cada punto de vista. Ahora, después de haber considerado cada una de las posiciones, estoy opuesto absolutamente y sin lugar a dudas, al «aborto a petición», que se refiere a la idea de que la mujer tiene autoridad legal para matar a su hijo que todavía no ha nacido.

Hay muchas consideraciones que me han llevado a esta posición incluyendo el impacto que los abortos tienen en nuestra percepción de la vida humana. Es interesante notar que una mujer que planea terminar con su embarazo, regularmente se refiere a la vida que está dentro de ella como «el feto». Pero si tiene la intención de dar a luz y amar a ese pequeño niño, cariñosamente le llama «mi bebé». Es evidente la necesidad de hacer esa distinción: Si se va a matar a un ser humano y no queremos sentirnos culpables, lo primero que tenemos que hacer es despojarlo de su valor y dignidad. Debemos darle un nombre clínico que niegue su personalidad. Esto se ha logrado tan efectivamente en nuestra sociedad, que un niño de seis meses de gestación puede ser sacrificado sin que nadie sienta su pérdida. Si estuviésemos matando cachorros o gatitos, habría un clamor popular más grande que el que existe por los millones de abortos que ocurren anualmente en los Estados Unidos. El siquiatra Thomas Szasz reflexiona sobre la tranquilidad con que hemos aceptado estas muertes, cuando escribe:

[Los abortos] deberían ser tan posibles como, digamos, una operación para embellecer la nariz.

Estoy de acuerdo con el doctor Francis Schaeffer en que el cambio en las actitudes legales hacia el aborto acarrea enormes consecuencias para la vida del ser humano en todos los niveles. Si los derechos del niño que todavía no ha nacido pueden sacrificarse, por una reinterpretación del Tribunal Supremo, ¿por qué no podrían promulgarse leyes autorizando que se les quite la vida a otras personas que no son necesarias? Por ejemplo, lo inconveniente y costoso que es cuidar a los retardados mentales, fácilmente podría conducir a la misma justificación social que ha animado a muchos a matar a los niños que aún no han nacido (o sea, ellos serían una molestia costosa si se les permitiera vivir). ¿Y qué tal si nos libramos de los ancianos, que no contribuyen en nada a la sociedad? ¿Y por qué debiéramos permitir que vivan los niños deformes, etcétera? Quizás usted piense que esas posibilidades escalofriantes nunca serán una realidad, pero yo no estoy muy seguro de eso. Ya vivimos en una sociedad donde algunas personas están dispuestas a matar a un bebé que todavía no ha nacido, simplemente porque el examen de amniocentesis muestra que no es del sexo deseado.

Hay muchos otros aspectos de este asunto del aborto que hacen resaltar el mal que es parte inseparable del mismo; pero para mí la evidencia más importante viene de las Escrituras. Por supuesto, la Biblia no habla directamente de la práctica del aborto. Sin embargo, me he quedado asombrado de ver cuántas referencias se hacen, tanto en el Antiguo Testamento como en el Nuevo, al conocimiento personal que Dios tiene de los niños antes de su nacimiento; no sólo está consciente de su desarrollo en el vientre de sus madres, sino que los conoce de manera específica como seres personales únicos e individuales.

Considere los siguientes ejemplos:

1. El ángel Gabriel dijo de Juan el Bautista: «Y será lleno del Espíritu Santo, *aun desde el vientre de su madre.*» (Lucas 1:15)

2. El profeta Jeremías escribió de sí mismo: «Vino, pues, palabra de Jehová a mí, diciendo: *Antes que te formase en el vientre* te conocí, y antes que nacieses te santifiqué, te di por profeta a las naciones.» (Jeremías 1:4-5)

Estos dos individuos no eran de ninguna manera embriones inhumanos antes de su nacimiento. Ya eran conocidos por el Creador, quien les había asignado la obra que realizarían en su vida por decreto divino.

3. En el libro de Génesis dice: «Y oró Isaac a Jehová por su mujer, que era estéril; y lo aceptó Jehová, y concibió Rebeca su mujer. Y los hijos luchaban dentro de ella; y dijo: Si es así, ¿para qué vivo yo? Y fue a consultar a Jehová; y le respondió Jehová: Dos naciones hay en tu seno, y dos pueblos serán divididos desde tus entrañas; el un pueblo será más fuerte que el otro pueblo, y el mayor servirá al menor.» (Génesis 25:21-23)

De nuevo vemos que Dios conocía las personalidades que se estaban desarrollando en estos gemelos que aún no habían nacido y predijo sus futuros conflictos. El odio mutuo entre sus descendientes sigue siendo evidente en el Medio Oriente.

4. El mismo Señor Jesucristo *fue concebido* por el Espíritu Santo, lo cual confirma la relación de Dios con Cristo desde el momento en que era una sola célula en el vientre de María. (Vea Mateo 1:18.)

Sin embargo, el ejemplo más dramático se encuentra en el Salmo 139. El rey David da una descripción de su propia relación prenatal con Dios, que tiene un impacto imponente:

Porque tú formaste mis entrañas; tú me hiciste en el vientre de mi madre. Te alabaré; porque formidables, maravillosas son tus obras; estoy maravillado, y mi alma lo sabe muy bien. No fue encubierto de ti mi cuerpo, bien que en oculto fui formado, y entretejido en lo más profundo de la tierra. Mi embrión vieron tus ojos, y en tu libro estaban escritas todas aquellas cosas que fueron luego formadas, sin faltar una de ellas.

Salmo 139:13-16

Ese pasaje es emocionante para mí, porque sugiere que Dios no sólo había planeado cada día de la vida de David, sino que hizo lo mismo para *mí*. Él estuvo allí cuando *yo* fui formado en total aislamiento, y él personalmente hizo todas las delicadas partes internas de *mi cuerpo*. ¡Imagínese eso! *El Gran Creador del universo amorosamente supervisó mi desarrollo durante esos días en que estuve dentro del útero* antes de tener consciencia de mí mismo, tal como lo hizo para cada ser humano sobre la tierra. ¡Seguramente, quien pueda comprender este concepto sin sentirse animado está emocionalmente muerto!

Desde mi punto de vista, estos pasajes bíblicos refutan de manera absoluta la idea de que los niños que todavía no han nacido no tienen alma y no son personas hasta que nacen. ¡No lo puedo creer! Nada puede justificar el acto de separar a un pequeño ser humano, totalmente sano, de su lugar de seguridad y dejarlo sobre una mesa de porcelana para que se asfixie. Ninguna consideración social o económica puede eliminar nuestra culpa colectiva por destruir esas vidas que estaban siendo formadas a la imagen de Dios. A través de los evangelios, Jesús mostró su ternura hacia los niños y niñas (Él dijo: «Dejad a los niños venir a mí»), y algunas de sus advertencias más temibles fueron dirigidas a los que les hacen daño a los niños. Estoy firmemente convencido de que Dios no nos considerará inocentes de nuestros crueles infanticidios. Como le dijo a Caín, quien mató a su hermano Abel, nos dirá a nosotros: «La voz de la sangre de tu hermano clama a mí desde la tierra.»

Sin duda, otros cristianos han llegado a la misma conclusión. Pero tengo que preguntar: ¿Dónde se encuentran los líderes morales que están de acuerdo conmigo? ¿Por qué algunos pastores y ministros han sido tan tímidos y callados sobre este asunto de vital importancia? Es hora de que la iglesia cristiana se arme de valor y hable a una voz en defensa de los niños aún no nacidos que no pueden suplicar por sus propias vidas.

9

La fuente eterna

Cuando en los años 1800, o antes, nacía un niño, su
madre inexperta recibía la ayuda de muchas amigas y
parientas que venían a su lado para brindarle sus consejos y
su apoyo. Muy pocas de estas tías, abuelas y vecinas habían
leído un libro sobre la crianza de los hijos, pero eso no
importaba. Poseían la sabiduría popular que les daba confianza para tratar a los bebés y a los niños. Tenían una respuesta
para cada situación, aunque eso no quiere decir que siempre
era la correcta. De ese modo, las madres jóvenes recibían
instrucción sistemática acerca de cómo «ser madre», que les
brindaban las mujeres más viejas que tenían muchos años de
experiencia en el cuidado de los niños.

Sin embargo, con la desaparición de esta «familia extensa», la labor que tiene que realizar la madre se convirtió en
algo más aterrador. Hoy en día, muchos matrimonios jóvenes
no tienen acceso a este apoyo de parientes y amigos. Viven

en una sociedad móvil en la que los vecinos de la casa de al lado son totalmente desconocidos para ellos. Además, es posible que sus propias madres y padres vivan en alguna ciudad lejana, y probablemente aunque vivieran cerca no podrían depender de ellos. Por consiguiente, a menudo los padres jóvenes están muy preocupados por su falta de preparación para criar a los hijos. El doctor Benjamin Spock describió sus temores con las siguientes palabras: «Puedo recordar madres que lloraban el día que tenían que llevar a su bebé a casa. "No sabré qué hacer", decían lamentándose.»

Esta preocupación ha hecho que los padres vayan apresuradamente a los «expertos» en busca de información y consejos. Han ido a pediatras, sicólogos y educadores para que les den respuestas a sus preguntas sobre las dificultades relacionadas con la labor de criar a los hijos. Por lo tanto, durante los últimos 40 años un número cada vez mayor de niños norteamericanos han sido criados de acuerdo con este asesoramiento profesional. En realidad, no hay otro país sobre la faz de la tierra que haya aceptado las enseñanzas de la sicología infantil y los consejos de los especialistas como lo ha hecho Estados Unidos.

Está bien que ahora nos preguntemos: «¿Cuál ha sido el efecto de esta influencia profesional?» Uno esperaría que la salud mental de nuestros hijos excediera a la de los individuos criados en naciones donde no han tenido esta ayuda técnica. Pero no ha sido así. La delincuencia juvenil, el consumo de drogas, el alcoholismo, los embarazos no deseados, las enfermedades mentales y el suicidio están extendiéndose mucho entre los jóvenes, y van en continuo aumento. ¡En muchos sentidos hemos echado a perder la crianza de los hijos! Por supuesto, no voy a ser tan ingenuo como para echarle la culpa de todo a los malos consejos de los «expertos», pero creo que ellos han tenido parte en la creación del problema. ¿Por qué? *Porque en general, los científicos que se basan exclusivamente en observaciones y conceptos referentes a la conducta no han tenido con-*

fianza en le ética judeocristiana, y han hecho caso omiso de
la sabiduría contenida en esta inestimable tradición.

Me parece que el siglo veinte ha producido una generación de profesionales que se han creído tan capacitados como
para no necesitar hacer caso de las actitudes y costumbres que
los padres han tenido por más de 2.000 años, y sustituirlas por
sus nuevas ideas inestables. Cada autoridad, escribiendo según su propia experiencia limitada, y reflejando sus propios
prejuicios, nos ha suministrado sus opiniones y suposiciones
como si fueran la verdad absoluta. Por ejemplo, un antropó-
logo escribió un artículo increíble en *The Saturday Evening
Post*, de noviembre de 1968, titulado: «Los científicos tenemos el derecho a hacer el papel de Dios.» El doctor Edmund
Leach dijo:

No puede haber otra fuente de estos juicios morales
aparte del mismo científico. En la religión tradicional, la
moralidad tenía su origen en Dios, pero solamente se
le atribuía a Dios la autoridad para establecer reglas
morales y para hacerlas cumplir, porque también se le
atribuían poderes sobrenaturales para crear y destruir.
Ahora esos poderes le han sido usurpados por el hombre, y debemos aceptar la responsabilidad moral que
los acompaña.

Este párrafo resume los muchos males de nuestros días.
Algunos hombres arrogantes, como Edmund Leach, han de-
clarado que Dios no existe, y se han puesto a sí mismos en su
lugar exaltado. Revestidos de esa autoridad, han proclamado
sus opiniones ridículas al público con absoluta confianza. Por
su parte, muchas familias desesperadas echaron mano de esas
recomendaciones inútiles, que son como chalecos salvavidas
agujereados que a menudo se hunden arrastrando hasta el
fondo a las personas que los llevan puestos.

Estas falsas enseñanzas incluyen las ideas de que la
disciplina es perjudicial, la irresponsabilidad es saludable, la
instrucción religiosa es arriesgada, la rebeldía es una manera

muy útil de desahogar la ira, todas las formas de autoridad son peligrosas, y así sucesivamente. En los últimos años, esta perspectiva humanista se ha vuelto más radical y anticristiana. Por ejemplo, una madre me dijo recientemente que trabaja en un proyecto de jóvenes, que ha contratado los servicios de asesoramiento de cierto sicólogo. Él ha estado enseñándoles a los padres de los niños que son parte de este programa, que con el fin de que sus hijas crezcan con una actitud más sana hacia la sexualidad deben tener relaciones sexuales con ellas cuando tienen doce años de edad. Si esto le ha dejado boquiabierto, quiero que sepa que lo mismo me sucedió a mí. Sin embargo, es a esto a lo que nos lleva el relativismo moral; éste es el producto final de un esfuerzo humano que no acepta normas, ni honra valores culturales, ni reconoce absolutos, ni sirve a ningún «dios» aparte de la mente humana. El rey Salomón escribió de estos necios esfuerzos en Proverbios 14:12:

> *Hay camino que al hombre le parece derecho; pero su fin es camino de muerte.*

Ahora bien, este libro que usted ha estado leyendo acerca del niño de voluntad firme, también contiene muchas sugerencias y perspectivas cuya validez no he tratado de demostrar. ¿Cuál es la diferencia entre mis recomendaciones y las que he criticado? La diferencia se encuentra en la *fuente* de las mismas. Los principios fundamentales expresados aquí no son mis propias ideas novedosas, que se olvidarían muy pronto. En vez de eso, se originaron con los escritores bíblicos inspirados, que nos dieron el fundamento para todas las relaciones en el hogar. Como tales, estos principios han sido transmitidos de generación a generación, hasta el día de hoy. Nuestros antepasados se los enseñaron a sus hijos, los cuales se los enseñaron a los suyos propios, manteniendo su conocimiento vivo para la posteridad. Ahora, lamentablemente, este conocimiento es puesto en duda enérgicamente en algunos círculos y totalmente olvidado en otros.

Si he tenido un propósito principal al escribir este libro, no ha sido el ganar derechos de autor, o propagar el nombre de James Dobson, o demostrar mis habilidades profesionales. Mi propósito no ha sido nada más ambicioso que expresar con palabras la tradición judeocristiana respecto a la disciplina de los niños, y aplicar esos conceptos a las familias de hoy en día. Este método ha estado profundamente arraigado en la cultura occidental pero, que yo sepa, jamás se ha expresado categóricamente por escrito. Consiste de control con amor, una introducción razonable a la autodisciplina y a la responsabilidad, *liderazgo* de los padres teniendo en mente lo que es mejor para el niño, respeto a la dignidad y el valor de cada miembro de la familia, límites realistas que se hagan cumplir con firmeza; y finalmente, un uso sensato de recompensas y de castigo cuando sea necesario para la instrucción del hijo. Este es un sistema que ha sido utilizado por los padres durante más de 20 siglos. Yo ni lo inventé, ni puedo cambiarlo. Mi tarea ha sido simplemente decir lo que creo que es el plan del Creador mismo. Y estoy convencido de que este concepto seguirá produciendo resultados, mientras que haya padres e hijos viviendo juntos sobre la faz de la tierra. Por seguro, durará más que el humanismo y que los débiles esfuerzos de la humanidad para encontrar un método diferente.

Comentario final

Al comienzo de este libro, conté la historia de mi perro, Siggie, y sus tendencias revolucionarias. Tal vez sería apropiado concluir dando un vistazo a Siggie, que ya ha envejecido. Ahora tiene doce años y ya no posee el fuego exuberante de la juventud. En realidad, padece de una enfermedad cardíaca y dudo que viva más de un año. Así que mientras tanto se da la gran vida, bosteza, se estira y se acuesta a dormir al sol.

Es difícil explicar cómo un perro que parece no valer nada puede ser tan amado por una familia, y todos lamentaremos la pérdida de Siggie. (Los que aman a los perros comprenderán nuestros sentimientos; los otros pensarán que son tonterías.) Él es un año mayor que nuestra hija y ha sido su compañero durante toda la infancia. Así que hemos comenzado a preparar a los muchachos para su inevitable partida.

Un día del mes pasado, el momento de la crisis se presentó sin anunciarse. Estaba lavándome los dientes por la mañana temprano cuando escuché que Siggie se quejaba. Puede llorar como un niño, y mi esposa corrió a ver qué le sucedía.

«¡Jim, ven pronto —me dijo—, Siggie tiene un ataque al corazón!»

Corrí a la sala con el cepillo de dientes en la mano. El perro estaba tirado fuera de su cama y parecía sufrir mucho. Estaba encorvado sobre sus patas y tenía los ojos vidriosos. Me agaché y lo acaricié pensando que tenía un ataque cardiaco. No estaba seguro de qué se podía hacer con un perro en medio de una trombosis coronaria, puesto que el personal auxiliar de emergencia no está muy dispuesto a ofrecer su servicio a los animales. Lo levanté y lo puse suavemente en su cama en la que se acurrucó a un lado y se quedó muy quieto. Sus patas estaban unidas y rígidas. Realmente parecía que el fin estaba cercano.

Fui a mi estudio para llamar por teléfono al veterinario, pero Shirley me llamó nuevamente. Había mirado con detenimiento al animal inmóvil y descubrió la causa de su problema. ¿Está preparado usted para oírlo? Los perros tienen pequeñas uñas en los lados de las patas, y de alguna manera Siggie se las había arreglado para engancharse las de una pata en las de la otra. Por eso no podía moverse y sentía dolor cuando trataba de caminar. No hay otro perro en el mundo que pueda «amarrarse», él mismo, las patas; pero a Siggie le puede pasar cualquier cosa. Shirley le desenganchó las uñas y el viejo perro celebró la liberación saltando como un cachorrito.

Cuando yo sea viejo y piense en los gozos de criar a los hijos —en las fiestas de Navidad, los viajes al campo y las voces escandalosas de dos niños en nuestro hogar—, también recordaré a un perro testarudo llamado Siggie, que desempeñó un papel tan importante a través de esos días tan felices.